Ivo Ferrero

IL GATTO A TRE ZAMPE

Tra fiori e davanzali
i gatti lo sapranno.
Ci saranno altri giorni,
ci saranno altre voci.
(Cesare Pavese, Anche i gatti lo sapranno)

Prologo

Il paradiso non sarà mai tale per me
Se il mio gatto non potrò incontrare.
(epitaffio sulla tomba di un gatto)

-Mamma, dove vanno le anime dei gatti quando i gatti muoiono?

-Vanno nel paradiso dei gatti.

-E com'è il paradiso dei gatti, mamma?

-Ecco, il paradiso dei gatti è su nel cielo, vicino a quello degli umani...

-E cosa si fa nel paradiso dei gatti?

-Il paradiso dei gatti è un grande camino, grande, grande...

-Grande come?

-Enorme, come una montagna. Intorno al camino acceso con un grande fuoco, per ogni gatto c'è una cesta con un bellissimo cuscino di broccato, dove hanno il loro nome ricamato in filo d'oro.

-Così Munini avrà un cuscino con scritto...Munini?

-Certo. E davanti ad ogni cesta ci sono tanti piattini...

-Con le crocchette!

-Si, ma non soltanto: anche tonno, fegatini di pollo, salmone, latte, tutto quello che un gatto può desiderare. E per ogni gatto c'è un angelo.

-Cosa ci fa l'angelo?

-L'angelo gratta i gatti sotto il mento e dietro le orecchie, per sempre, per tutta l'eternità.

-Ma Munini vuole essere grattato sul pancino!

-Lui avrà un angelo speciale che lo gratterà sul pancino.

Queste pagine sono dedicate a tutti coloro che, come me, amano i gatti. Amo tutti gli animali, ho passato molte estati durante la mia infanzia in una fattoria tra galline, anatre, oche, mucche, maiali, conigli, capre, cani e qualche gatto. Ho imparato a non avere paura di loro, ho sviluppato quella confidenza con gli animali che o si acquisisce durante l'infanzia o mai più. In casa, ho avuto cani, criceti, topolini, canarini, pesci rossi, porcellini d'india, conigli, li ho amati, nutriti, curati quando erano malati ed ho provato un grande dolore ogni volta che qualcuno di loro mi ha lasciato .

Con nessuno di loro, però, ho avuto lo stesso rapporto che ho con i gatti. Trovo in loro tutti i difetti che sono in me, come me sono pigri, indolenti, amano la vita comoda. D'altra parte i gatti sono riservati, pudichi, ossessionati dalla pulizia, e come me amano il silenzio e la solitudine, detestano il chiasso e la folla. La natura li ha forniti di uno scheletro snodato, che fa sì che nessun altro animale è cosi morbido, si adatta così bene al vostro grembo come un gatto. I gatti sono rilassanti, il loro *ron-ron* è meglio della valeriana, concilia il sonno, distende i nervi. I gatti, contrariamente a delle malvagie dicerie messe in giro durante il medioevo, sono fedeli e legati ai loro padroni (*pardon,* amici) tanto come i cani. Certo, la loro fedeltà ha dei limiti, come quella umana...

I protagonisti di questo libro sono i miei cinque gatti. Ho aggiunto qualche riga sui gatti della mia vita, quelli che hanno vissuto con me o hanno condiviso alcuni momenti della mia esistenza. Non ci sono più, ahimè, la vita dei nostri piccoli amici è terribilmente breve, quasi sempre tocca a noi piangerli.

Era un pomeriggio freddo e ventoso

Sono sulla mia poltrona, una vecchia poltrona basculante di pelle scrostata talmente comoda che mi rifiuto di eliminare. L'inverno è quasi finito ma soffia una gelida tramontana. Quando abbiamo deciso di venire a vivere qui, a Montpellier, nel Sud della Francia, nel *Midi*, Anna, mia moglie, era preoccupata. Pensava che un uomo del Nord, un alpino, abituato al freddo della Padania, non avrebbe sopportato il forte calore mediterraneo. In realtà il mio problema non è stato quasi mai il caldo, salvo qualche giorno in una decina di anni, ma il freddo, sopratutto il gelido *Mistral*, la tramontana appunto, che arriva dalla valle del Rodano ai cento all'ora e si infila dappertutto, nessuna chiusura gli resiste, nessun vestito protegge a sufficienza, sovente ho pensato di indossare una muta da *sub* per poter andare in bicicletta.

Il camino è acceso di fianco a me, e il vento talvolta smorza le fiamme, che passato il soffio si prendono la rivincita e raddoppiano il loro vigore. Mia moglie sonnecchia sul divano, un occhio chiuso e l'altro rivolto al televisore. La gatta nera, Caline, borbotta un miagolino mescolato ad una ronfata e prende le misure per saltare sul grembo di Anna, ma indugia, è ingrossata come tutte le gatte sterilizzate, e poi è cieca da un occhio e probabilmente anche piena di reumatismi, come me. Si sospende sulle zampe posteriori un paio di volte, e finalmente salta, raggiunge il suo obbiettivo e mia moglie la infila sotto la coperta, Caline vuole stare lì, tra la coperta e Anna, e ronfare.

Sul mio fianco sinistro c'è un lettino attrezzato a divanetto, e quello è il posto di Pepper, il gatto a tre zampe. Dorme acciambellato su un cuscino rosso, non ama essere preso in braccio, il suo corpo asimmetrico deve provocargli dei dolori alla schiena, anche se corre e salta come e più degli altri. Suo fratello, Moka, è già da un po' sulle mie ginocchia, parlotta nel sonno, freme ed ha dei piccoli scatti alla zampe, come se sognasse di correre. In realtà Moka non corre un granché, passa quasi tutto il suo tempo a dormire.

So che Règlisse è nella sua cesta al primo piano e sta russando (russa piuttosto forte, non proprio come me, ma quasi), mentre Cannelle, perseguitata della gelosa Caline, che non sopporta un'altra femmina in casa, probabilmente si è rifugiata nel mezzanino, dove sa che la vecchia matriarca non riesce ad arrivare e dove Clelia ha il suo studio. Cannelle è molto legata a Clelia, forse perché sono due ragazze, passa molte notti con lei. Sono felice, la mia famigliola felina è al riparo dal vento gelido, finalmente ho realizzato il sogno che è in me fin dall'infanzia, quello di vivere in una casa piena di gatti.

La vita con cinque gatti

Moka, che dorme sulla mie ginocchia, si è svegliato, si stira allungandosi tutto e poi si mette a pancia all'aria, vuole essere grattato proprio lì, è la sua passione. Mentre gli strofino la pancia si gira, mette la testa fra le zampe anteriori e raccoglie quelle posteriori, incurvandosi per approfittare meglio della grattata. Guardo la perfezione simmetrica delle strisce scure sul suo muso, il nasino umido e rosa contornato da una sottile striscia nera, gli astucci dove si celano le sue temibili unghie, che peraltro non estrae quasi mai, stropiccio dolcemente le sue orecchie, senza insistere, sono tra gli organi più sensibili dei gatti. Appena smetto di accarezzarlo mi guarda languido, con una specie di rincrescimento, come dicesse: *hai già finito?*, ma senza rancore, stira le zampe con un mugolio di piacere, si riacciambella e si rimette a dormire.

Vivere con cinque gatti è bellissimo. Quando, in inverno, ho voglia di pasticciare qualcosa di caldo e di morbido, o quando sono giù di corda e ho bisogno del potere terapeutico della ronfata, o ancora quando sono a corto di ispirazione davanti al mio PC, un bel numero di gatti è *quasi* una garanzia che ne troverò qualcuno disponibile a tenermi compagnia, tenuto conto del loro carattere indipendente. Vivere con cinque gatti è un risparmio: le spese in crocchette e veterinario sono compensate, in questi tempi di energia sempre più cara, dal calore che emanano quando sono sulle vostre ginocchia, non ho proprio fatto bene i conti, ma ne sono assolutamente sicuro!

Per quanto bella, la vita con cinque gatti può, talvolta, presentare qualche problema. Uno è quello degli ospiti. Una comunità felina soddisfatta esercita un potere di attrazione sugli altri gatti del vicinato, per lo più soli. In questo momento abbiamo altri tre gatti che ci girano intorno, interessati alle crocchette che lascio in giardino per gli spuntini notturni di quelli che sono rimasti fuori e beninteso per la coppia di ricci che vive nella siepe.

I ricci condividono il nostro giardino da qualche anno. Sono una coppietta, uno grosso che abbiamo deciso essere il maschio, ed uno piccolo, che sempre arbitrariamente (ritengo alquanto pericoloso fare una verifica puntuale) abbiamo deciso essere la femmina. Vivono e svernano nella nostra siepe, ho preparato per loro una casetta ricavata da un vecchio bauletto, ma non l'hanno mai usata. Sono golosi delle crocchette, arrivano puntuali ogni sera al calar del sole, tranne che in inverno, stagione durante la quale vanno in una specie di letargo. Si ingozzano rumorosamente, facendo tintinnare il piatto. All'arrivo dell'autunno, una volta, la femmina ci è entrata in casa, l'ho trovata in un armadio, nella borsa degli asciugamani da spiaggia, credo avesse deciso di passare lì la brutta stagione. Malauguratamente, queste simpatiche e utilissime bestiole depositano degli escrementi neri estremamente collosi, che elimino con molta difficoltà dal pavimento del terrazzo, per cui ho delicatamente preso la ricciotta e l'ho riportata in giardino.

Tra ricci e ospiti, la mia spesa in crocchette sta dunque salendo vertiginosamente, ho provato a mettere sul terrazzo delle crocchette economiche, ma i gatti sono fieramente contrari a queste meschine manovre finanziarie di corto respiro, loro vogliono il meglio, e non soltanto hanno rifiutato il cibo a buon mercato, ma hanno anche rovesciato il piatto, perché io capissi una buona volta che non era proprio quello il modo di comportarsi. Sono riuscito a far loro accettare qualche avanzo, come la pelle del salmone o dei ritagli di prosciutto, ma una parte del cibo lasciato alle mosche mi ha fatto capire che la cosa non suscitava un grande entusiasmo.

Un altro piccolo inconveniente della vita con cinque gatti è che, durante la brutta stagione, non è facile trovarsi un posto a sedere, naturalmente un posto *comodo*, le dure sedie di legno sono sempre disponibili, mentre per usare le poltrone o il divano bisogna, talvolta, litigare. Ho sistemato qualche cesta nel corridoio del primo piano, dove abbiamo le camere, ma non sono quasi mai occupate, tranne durante la notte, quando sono finiti i posti sui letti. La mia vecchia poltrona vicino al fuoco è particolarmente richiesta, sopratutto da Cannelle, la più magrolina, che appunto per questo patisce particolarmente il freddo. È una battaglia: arrivo, la faccio scivolare su un fianco, mi siedo, lei brontola ma resta, poi a poco a poco cerca di riguadagnare il posto perduto, aspettando che io mi alzi per qualunque motivo e poter quindi rioccupare immediatamente l'intera poltrona.

Durante la brutta stagione, o nei giorni di pioggia, fortunatamente rari da queste parti, può diventare un problema anche dormire nel proprio letto. La più affezionata cliente è Caline, che si piazza normalmente sui miei piedi. In genere, se c'è lei, gli altri lasciano perdere. Se lei non c'è, i clienti fissi sono i due fratelli, Moka e Pepper (Cannelle dorme con Clelia). Loro non hanno nessuno problema a condividere la mia parte del letto, Pepper si mette verso l'esterno e Moka tra Anna e me, per poter essere grattato sulla pancia alternativamente da noi due. Finita la grattata, Moka si posiziona preferibilmente sul mio stomaco, oppure sul mio fianco. A questo punto, tra lui e suo fratello, sono bloccato del tutto. Dopo qualche minuto, sono costretto ad alzarmi con decisione, loro capiscono e scendono, lì per lì; perché poi, nel buio, almeno uno di loro due farà qualche incursione. Se poi il tempo è veramente orribile, allora possiamo averne anche quattro sul letto, Caline sui miei piedi, Moka e Pepper su di me e Liquirizia su Anna, sono follemente innamorati l'uno dell'altra.

In / out. Entrata e uscita

Un altro problema è quello del portierato. Di mettere una gattaiola neanche a parlarne, entrerebbero tutti i gatti del vicinato, e dato che le mie creature sono refrattarie ad ogni tipo di collare la gattaiola elettronica non può essere utilizzata. Dunque, bisogna intervenire manualmente. Per fortuna la tribù ha capito che l'accesso giusto è quello della vetrata che dà sul giardino, non è stato facile convincerli a non miagolare davanti alla porta d'ingresso, situata al piano inferiore, ma alla fine ci sono riuscito. Ho ancora qualche problema con Pepper, che talvolta salta sulla terrazza del soggiorno, da dove non riesce a scendere perché con una zampa anteriore sola non può ammortizzare la caduta, ma nel complesso tutti e cinque si presentano dalle stessa parte.
Una vetrata separa il giardino da un locale adibito a cucina ed ufficio, dove io ho la mia scrivania. è il luogo dove passo buona parte della mia giornata, a scrivere e a cucinare, sono le cose che amo di più. Preparo i miei piatti e mentre scrivo posso contemporaneamente sorvegliare la loro cottura e l'andirivieni della tribù. Quando una a caso delle mie dolci bestiole (una alla volta, non capita quasi mai che vogliano uscire o entrare nello stesso tempo, sarebbe troppo facile) vuole assolutamente uscire, me lo fa capire chiaramente: Moka sfrega la vetrata con una zampa, Pepper e Caline miagolano, Cannelle si allunga tutta contro la porta, Liquirizia si mette davanti al vetro in silenzio. Il fatto di poter vedere se qualcuno vuole entrare o uscire, se da una parte mi permette di rispondere sollecitamente alla richiesta, dall'altra mi mette in uno stato di continua tensione. Sapere che qualcuno è in attesa davanti o dietro la vetrata mi impedisce di concentrarmi su quello che sto facendo, certe volte cerco di resistere, ma è più forte di me, prima o poi devo alzarmi ed aprire. A questo punto, entra

in gioco il carattere felino. I gatti vivono nel dubbio perenne, si potrebbe dire: *dubito, dunque sono (un gatto).* Molte volte si mettono davanti alla porta non per uscire (o entrare, è lo stesso) ma per, eventualmente, passare la soglia. Io apro. Lui (o lei) annusa l'aria, poi annusa il battente della vetrata, per capire se qualcuno, e chi, è passato da lì. Poi si guarda intorno, tira le orecchie all'indietro, incerto sul da farsi. Ci sono dei periodi dell'anno, in genere nei cambi di stagione, nei quali entrano / riflettono / escono / rientrano quattro o cinque volte in una decina di minuti. Devo dire che dopo un paio di volte, bontà loro, assumono un'aria vagamente colpevole.

Finalmente io apro la vetrata. Scende una pioggerellina gelida. Règlisse, Cannelle e Pepper escono comunque, coraggiosamente. Moka allunga il collo per annusare l'aria senza uscire, qualche gocciolina colpisce il suo nasino rosa, le narici fremono, si ritrae immediatamente, sbatte gli occhi e riflette. La mia fattura di riscaldamento è pesante, ogni secondo di porta aperta costa, cerco di spingerlo a decidere, ma è una decisione dura da prendere, Moka tentenna, tiene un orecchio avanti e l'altro indietro, medita. Mi guarda con espressione angosciata. *E se poi quando voglio rientrare tu non ci sei? E se mi prendo una polmonite? E se la pioggia aumenta? E se si trasforma (orrore!) in neve? Eh, che faccio se si mette a nevicare? Ma ti rendi conto che potrei morire assiderato? È questo che vuoi?*

Alza il muso verso di me, disperato. Lo spingo fuori dolcemente, so che in questo modo decide, o dentro o fuori, ma se decide di uscire lo fa di malavoglia, mi guarda come si guarda un carnefice. Detto per inciso, all'esterno della casa ci sono un bel po' di posti dove ci si può riparare, per esempio la baracchetta degli attrezzi, che lascio aperta apposta per i gatti, o l'androne davanti al garage, luogo coperto dove tengo la legna, insomma, nessun gatto del quartiere è ancora morto assiderato, e da queste parti nevica al massimo una volta l'anno. Caline fa più o meno la stessa sceneggiata, in più mi miagola addosso furiosa, si gira, scende le scale e va alla porta di ingresso che vuole assolutamente che io apra, *per vedere se piove anche dall'altra parte della casa.* Quando vuole entrare, si mette davanti alla vetrata con le orecchie indietro e l'espressione angosciata, come se dicesse *ecco, anche questa volta nessuno mi apre, ed io devo stare a gelare qua fuori!*

I momenti più critici arrivano di notte o durante l'inverno. Quando il rumore della pioggia contro il lucernario mi sveglia, mi alzo, scendo in cucina, apro la vetrata del terrazzo e chiamo la mia tribù, chi è rimasto fuori sta generalmente in attesa al riparo sotto il tavolo da giardino che si trova davanti alla vetrata. Ma che piova a no, di notte, anzi, all'alba, che in estate vuol dire intorno alle cinque, c'è Pepper che, se è rimasto dentro, deve assolutamente uscire. Salta sui miei piedi, prima prova con le buone, ovvero qualche sfregatina amichevole, poi passa alle maniere forti, che significa o mordermi i piedi, o saltarmi addosso con tutto il suo peso, o ancora grattarmi la testa con la zampina corta, fino a che non mi alzo, scendo e gli apro.

La vita della comunità

Domestici e felici
sono i micetti e i gatti
e di casa cacciano lesti
i topi e i ratti;
vivono felici
e mantengono la pace
affinché questi nemici
non rovinino la quiete.
(anonimo)

La comunità felina vive generalmente in buona armonia, i gatti sono meno litigiosi dei cani. Se il posto sul mio cuscino è già occupato (da Pepper, il più delle volte) e entra un altro in camera da letto, quest'ultimo fa un giro e poi se ne va tranquillamente, e viceversa - i gatti non sono competitivi, il loro motto è *vivi e lascia vivere*. Hanno delle regole: quella che ha maggior peso è la regola dell'ordine di arrivo. La regina della casa è Caline, la gatta nera, che è arrivata per prima. Non è stato il primo animale a casa nostra: il primo è stato un porcellino d'India, Ciccio; poi è arrivata la cagnolina pechinese, Pupa; poi una criceta, Vichi - ma non contano per la comunità felina, le cui regole valgono soltanto al proprio interno.

Con gli altri animali i rapporti dei gatti possono essere i più diversi, dall'amicizia all'ostilità, o più banalmente, gastronomici. Quando ho sorpreso Caline che teneva Vichi in bocca dopo averla non so come estratta dalla sua gabbietta, ad esempio, dubito che si trattasse di un atto d'amore materno. Caline stava scendendo le scale diretta verso il garage, sono arrivato in tempo e a parte una tremenda tachicardia Vichi se l'è cavata. La cricetina aveva il cuore che batteva cosi forte che pareva uscirle dal petto, sembrava un cartone di Titti e Tom. Per molti padroni (pardon, amici, i gatti non hanno padroni) di gatti è difficile accettare la loro natura cacciatrice, pretendono che, dato il cibo abbondante, i gatti dimentichino di essere delle belve carnivore, tanto come i leoni e le tigri, che di diverso hanno soltanto le dimensioni.

Anch'io mi sono trovato in circostanze nelle quali la natura del gatto mi è stata difficile da digerire. Ad esempio quando Cannelle, la dolce, piccola Cannelle mi è comparsa davanti tenendo in bocca un uccellino, che a sua volta teneva nel becco una lucertola. Mentre giravo per casa alla disperata ricerca dell'apparecchio fotografico, che naturalmente non ho trovato, la dolce creatura ha completato il fiero pasto, ingoiando uccello e lucertola.

Un'altra regola è quella che si potrebbe riassumere con il motto *largo ai giovani*. Quando ci sono dei piccoli, nati nella comunità o adottati, i "vecchi" non sono particolarmente felici, i maschi in particolare, le femmine sopportano meglio dato il loro istinto materno. Ciò non toglie che ai piccoli venga perdonato quasi tutto, i grandi sanno che il gioco e le birichinate sono necessarie per l'educazione della gioventù, si tengono alla larga e lasciano fare, salvo casi estremi, nei quali allora allungano bonariamente una zampata dissuasiva.

Vivere con cinque gatti vuol dire che non si potrà mai sapere con certezza chi ha combinato il guaio, a meno che non venga preso sul fatto, cosa rarissima, e a meno di non ricorrere alla prova del DNA, un po' troppo costosa, le impronte digitali, ahimè, non sembra siano significative. Quando la birichinata (una pipì selvaggia, ad esempio, o qualcosa di rotto, naturalmente qualcosa di molto importante, è difficile che rompano l'orribile soprammobile regalato dalla zia) viene scoperta, allora la comunità felina scompare improvvisamente, tutti si defilano, assumono un'aria innocente, e a me non resta altro da fare che pulire o buttare i cocci.

I gatti imparano molto velocemente che *l'importante è non farsi scoprire*. Quando faccio l'urlata a Pepper che è salito sul tavolo da pranzo o a Caline che non avendo voglia di uscire si arrota le unghie sul dorso del divano appena comprato, il colpevole in questione memorizza la cosa seguente: *quando nessuno mi vede, nessuno urla se salgo sulla tavola da pranzo o mi arroto le unghie sul divano, ergo, quando non c'è nessuno, posso salire sul tavolo o arrotarmi le unghie sul divano.* La logica dei gatti è rigorosissima.

Con cinque gatti in casa, impossibile avere tappeti, salvo che non siano enormi o delle *moquettes.* Talvolta, sopratutto in estate, metto un tappeto davanti alla vetrata che dà in giardino, per evitare di portare terra in cucina. Il tappeto li fa letteralmente impazzire. Ci si buttano sopra, poi cercando di avvolgersi dentro, ci si infilano sotto facendo una galleria, poi si tirano su di scatto buttandolo all'aria, lo mordono, lo straziano a unghiate, prendono lo slancio da lontano per saltarci sopra a zampe tese, insomma, lo riducono rapidamente ad uno straccio raggrinzito. Dopo qualche ora, sono costretto a ritirarlo.

Le piante d'appartamento, come i tappeti, hanno con i gatti una vita difficile. Non che loro non le amino, anzi, le amano fin troppo. Amano la terra fresca e morbida che le circonda e che sta, stupidamente, dentro al vaso, invece di non essere sparsa un po' dappertutto sul pavimento appena lucidato; amano le foglie, i teneri germogli, vanno pazzi per le piante ricadenti, sono assolutamente convinti che gliele abbiamo messe lì apposta per giocare e quando li sgridiamo ci guardano con enorme sorpresa. Una delle mie gatte, Cleopatra, adorava a tal punto una pianta di cui non ricordo assolutamente il nome, da non potersi trattenere dal saltarci sopra, per poterla abbracciare meglio, s'intende.

Caline, la vecchia brontolona

In una sera d'estate, tornavo con mia moglie dal mare, era ormai quasi buio. Percorrevo una superstrada a doppia corsia, ma con il mio piccolo Suzuki ero ben al di sotto della velocità massima consentita. Una minuscola macchia nera mi costrinse ad una brusca sterzata, di cosa si trattava? «È un gatto!» gridò mia moglie «finirà male, dobbiamo prenderlo e portarlo fuori dalla strada!».

Frenai, parcheggiai, la cosina nera si lasciò prendere senza ribellarsi. «Cosa ne facciamo adesso?» «Ci sono della case, suoniamo il campanello, sarà ben scappato da una di queste! ».

Nessuno ci aprì. Ci guardammo, ci capimmo al volo. «Lo prendiamo con noi!» dicemmo ad una sola voce. Mia moglie la prese in braccio, la bestiola tremava come una foglia, la confortò fino a casa, dove facemmo il nostro ingresso trionfale con Caline, e dove ci aspettava Pupa, la nostra cagnolina pechinese, che subito decise che quella bestiolina nera era la cucciola che noi le avevamo sempre impedito di avere, e la adottò immediatamente. I primi giorni ebbe una specie di gravidanza isterica, si coricava sopra di lei come volesse allattarla e la leccava intensamente. Poi con il crescere di Caline il loro rapporto divenne più normale. Fu un'amicizia, quella tra Caline e Pupa, che durò fino alla morte della cagnolina. Un'amicizia che aveva anche dei risvolti un po' seccanti, come quando all'alba dei giorni di festa venivamo svegliati dallo squillante abbaiare di Pupa, che ci voleva semplicemente dire che Caline era dietro la vetrata e che voleva entrare...

Il giorno dopo averla raccolta, portammo Caline dal nostro veterinario. Lui ci spiegò che la bestiola era una femminuccia in perfetta salute, provvedemmo alle vaccinazioni di rito e ce la riportammo a casa. Clelia, la figlia di mia moglie, era da suo padre, decidemmo di non dirle nulla per farle una sorpresa che sapevamo sarebbe stata enormemente gradita. Clelia, infatti, ama moltissimo gli animali, come noi, per qualche anno aveva anche pensato di fare la veterinaria, progetto che poi ha abbandonato, ma l'amore per gli animali le è rimasto.

Caline, come tutte le gatte (vorrei dire: come tutte le femmine) non ha un carattere facile. Nonostante il suo nome, che in francese vuol dire «coccolo», non era affettuosa per nulla, salvo un po' con me, ma assolutamente non con mia moglie. Mia moglie ha bisogno di contatto fisico, deve accarezzare, toccare e stropicciare, e Caline non ne voleva assolutamente sapere. È una brontolona mai contenta, ed invecchiando da questo punto di vista non è certo migliorata, mentre invece è diventata molto più affettuosa, per le ragioni che racconterò dopo.

Sovente passo la giornata a litigare con lei. Quando piove o fa molto caldo, si lamenta con me perché non le faccio avere un tempo migliore, si mette davanti alla porta, guarda fuori, poi guarda me e miagola, furiosa.

Ha la mania dell'acqua fresca: una delle tante ciotole per i gatti sta nella *toilette* al primo piano. Quando andiamo a letto e tutti passiamo in bagno, lei si sdraia davanti alla porta. Appena qualcuno entra si precipita, mette il naso nella ciotola, rialza il muso e miagola a tutta voce, perché chi è entrato le cambi immediatamente l'acqua. Il messaggio è chiaro: *non penserete mica che io possa bere quest'acqua schifosa, tiepida, che sta lì da chissà quanto tempo? Volete che mi prenda qualche malattia?* Cambio l'acqua almeno due volte al giorno, ma se lei non lo vede fare, non conta, non si fida. Il bello è che cerca di barare: in perfetta mala fede, rifà la stessa sceneggiata con quello che utilizza il bagno subito dopo, nella speranza che il nuovo arrivato non sappia quello che è successo un attimo prima...

È la padrona del giardino e non sopporta che qualcuno raccolga o tagli qualcosa: adesso che abbiamo trasformato una parte del prato in un orto, devo litigare con lei tutte le volte che raccolgo uno zucchino!

Nutriva una vera passione per il nostro piccolo e vetusto Suzuki, quello sul quale aveva fatto il suo primo viaggio con noi - e probabilmente era questa la ragione. Una volta si è infilata nel motore, sopra il passaruota, ed io credevo che il suo miagolio disperato fosse uno dei tanti stridori meccanici della vecchia auto, fino a quando non sono arrivato a casa ed ho aperto il cofano, per vedere di cosa si trattasse, e lei è balzata fuori, terrorizzata ma incolume, non l'ho più vista fino al giorno dopo.

Un'altra volta si è infilata nell'abitacolo, approfittando del tettuccio di tela aperto. Avevo una riunione del consiglio del Museo dell'Agricoltura, a Montpellier, e quando sono arrivato sul parcheggio mi sono reso conto della sua presenza, era sul sedile posteriore, come l'ho guardata è saltata giù dalla macchina, credo temesse di essere sgridata, e si è messa a correre tra le automobili. È stato un brutto momento, avevo paura che fuggisse e che andasse sotto una macchina. Sono riuscito a recuperarla e a rimetterla sul Suzuki, sono tornato a casa con il tettuccio aperto (chiuderlo era molto complicato e non volevo rischiare che nel frattempo lei scappasse) continuando a parlarle, terrorizzato dall'idea che saltasse giù in mezzo al traffico, cosa che per fortuna non ha fatto. Ho avuto qualche difficoltà a spiegare al Presidente del Museo cosa mi era successo...

Caline adesso ha otto anni. Ha un pelo bellissimo, folto e lustro, ed una deliziosa macchia bianca a forma di farfalla sul ventre. È la regina della casa, la matriarca, e tutti gli altri gatti riconoscono la sua autorità. Qualcuno, (credo si tratti di Liquirizia ma non ho le prove) evidentemente non la sopporta, e allora dobbiamo correre dal veterinario con Caline dalla coda sanguinante, con due bei buchi, e ciò malauguratamente è già successo un paio di volte negli ultimi mesi. La presenza dei concorrenti, però, le ha fatto bene: è diventata molto più affettuosa, sopratutto con mia moglie, sulla quale passa, ronfando, un bel po' di tempo. Ha anche perso, quasi del tutto, una simpatica abitudine che aveva quando, a piedi nudi, trafficavo in giardino: quella di piantarmi i denti nelle caviglie, così, senza nessuna ragione, forse solo a scopo intimidatorio, o per impedirmi di tagliare l'erba.

Mentre scrivo, seduto sul letto, lei è lì, davanti al bagno, che mi aspetta, implacabile. Ogni volta mi dico che resisterò, che non le cambierò l'acqua che ho cambiato due ore fa, ma io sono un debole, con le femmine, e so che le cambierò l'acqua ancora una volta, *e lei lo sa benissimo.*

Réglisse, il gatto più bello della Linguadoca

Due anni dopo l'arrivo di Caline, mia moglie era al limite della sopportazione, la gatta non voleva saperne di essere presa in braccio e tanto meno stropicciata, reagiva con violenza... graffiante.

Così a Settembre andammo alla fiera annuale della Società Protettrice degli animali, quella dove vengono esposti i gatti abbandonati. Fatti pochi passi tra le gabbie, Anna si fermò a guardare un grosso gatto bianco e nero. Lui sonnecchiava, un po' intontito dai tranquillanti che per necessità vengono iniettati agli animali in esposizione. Mia moglie lo tirò fuori dalla gabbia, lo prese in braccio, e la scintilla scoccò: si innamorarono perdutamente uno dell'altro, in quei pochi attimi. Anna non volle vedere nessun altro gatto, lo prendemmo ed andammo a casa. Durante il tragitto, Anna decise che si sarebbe chiamato Réglisse, Liquirizia.

I primi tempi non furono facili: Liquirizia era stato abbandonato da una famiglia di delinquenti, che aveva traslocato lasciandolo chiuso nell'alloggio vuoto, da dove la SPA lo aveva tolto, chiamata dai vicini di casa che sentivano i suoi miagolii disperati. Così il povero gatto era terrorizzato dall'idea di restare chiuso in casa senza cibo, voleva continuamente uscire e ci accorgemmo che perforava i cartoni del latte che tenevamo in garage. Dopo qualche mese, tutto si normalizzò, Liquirizia capì che nessuno lo avrebbe più abbandonato chiuso in una casa, si calmò, smise di mordere i cartoni del latte e diventò il gatto che è, un gatto perfetto, gentile ed educato, che non ha mai sporcato da nessuna parte, neanche quando è rimasto chiuso tre giorni nell'alloggio della vicina di casa.

Règlisse è il gatto di Anna. È gentile con me, anche affettuoso talvolta, quando entra prima di mangiare mi fa sempre una sfregatina di cortesia sulle gambe, inarcando il dorso, ma non è il mio gatto. Anna non fa nulla di pratico per lui, non ha tempo, ma lui l'ama, è lei che l'ha tirato fuori dalla gabbia, e lui, a dispetto dei denigratori dei gatti, l'amerà per sempre. Tutte le sere Liquirizia l'aspetta, sotto il pino, vicino alla porta, e quando lei scende dalla macchina le viene incontro, si butta per terra a pancia all'aria, aspetta le coccole.

Qualche mese fa Anna si è sottoposta a un importante intervento chirurgico. Ha preparato la sua valigia e la domenica sera io l'ho accompagnata in ospedale. Al mio ritorno, lui era sul letto, al posto di mia moglie. Non ha abbandonato quel posto fino a quando Anna non è tornata, una settimana dopo. Quando poco fa Clelia è partita preparando la sua valigia in camera nostra, Liquirizia è immediatamente saltato sul letto, credendo che fossa Anna a partire. Dopo poche ore ha capito che non era mia moglie che partiva, è sceso ed è ritornato ai suoi posti abituali.

L'amore tra Anna e Liquirizia ha, ogni tanto, degli aspetti divertenti. Réglisse si rende perfettamente conto del potere che ha su mia moglie, e qualche volta ne approfitta. Quando lei cerca di prenderlo in braccio, lui talvolta le sfugge, si fa inseguire, insomma fa il prezioso, e questa melina dura anche dei giorni, fino a quando Anna gli gira le spalle, non lo cerca più, e allora lui arriva e le salta in grembo.

Liquirizia non cammina, incede con grande signorilità. La zampe bianche ed il dorso nero, sembra un signore in *frac*. Non chiede mai nulla, non l'abbiamo quasi mai sentito miagolare, tranne quando era chiuso nella casa della vicina. Se vuole uscire, comincia a passeggiarmi intorno (sa benissimo che il portiere sono io) senza nervosismo, ma con un'espressione inequivocabile, fino a quando non gli apro la vetrata. Se non trova crocchette nel piatto (cosa rarissima, ma può succedere) viene da me e si strofina contro le mie gambe. Qualcuno potrebbe dire, come dice Clelia, che si tratta di bieco opportunismo. Secondo me, è soltanto buona educazione: e tutti sappiamo che il confine tra quest'ultima e l'ipocrisia è molto sfumato, per i gatti come per gli uomini.

Il suo *fairplay* arriva a dei livelli incredibili: una volta che, salito in camera per coricarmi ed avendolo trovato sdraiato dalla mia parte, ho detto, tranquillamente: "E io adesso dove vado?", lui si è alzato e si è spostato dall'altra parte.

Le uniche volte che Réglisse perde la pazienza è quando Caline, che dopo sei anni non si è ancora fatta una ragione della sua esistenza, gli ringhia contro. Allora Liquirizia le salta addosso, lei scappa sotto la libreria e continua a ringhiare, fino a quando non intervengo per dividerli. Lui se la prende solo se viene provocato, altrimenti rispetta la priorità, evita di andare dove c'è già lei, si tiene alla larga. Caline occupa spesso la scala di casa, sdraiandosi su un gradino. Quando Liquirizia vuole salire, se lei è lì, lui fa finta di niente, si gira e va da un'altra parte.

Liquirizia ha un solo difetto: è enormemente vanitoso. Basta dirgli: "come sei bello!" che si sdraia languidamente sul dorso. Se poi si aggiunge "sei il più bel gatto della Linguadoca" va in sollucchero, si allunga tutto e assume un'aria sognante. Siccome ha preso qualche etto di troppo ed ha difficoltà a passare tra le sbarre del cancelletto, abbiamo scoperto che aspetta che qualcuno apra e, con noncuranza, come per caso, passa nel cancello aperto...

Caline e Réglisse hanno la stessa età, otto anni. Mentre Liquirizia non mostra alcun segno di invecchiamento, Caline invece ha un po' di problemi. È obesa, colpa della sterilizzazione, si muove con difficoltà ed è cieca da un occhio ormai da due anni. Quando ci siamo accorti che un occhio cambiava colore, l'abbiamo portata, su consiglio del nostro veterinario, dall'oculista dei gatti. Lo specialista aveva anche avanzato l'ipotesi di un tumore cerebrale, ipotesi fortunatamente rivelatasi erronea. Però da quell'occhio non ci vede più, talvolta si muove in maniera strana ed incerta, appunto come chi non ci vede bene. Ma se si tratta di ringhiare contro Liquirizia o di correre dietro a Cannelle, la giovane rivale, allora improvvisamente ritrova la vista e tutte le sue forze e la sua agilità... se no passa sempre più tempo sdraiata da qualche parte, in braccio a qualcuno o sui miei piedi durante la notte ed esce sempre di meno.

L'arrivo della prima nidiata

Tre gattini appena nati;
giacciono uno sull'altro
come pelli di gattini imbottite,
con le loro zampette rosa;
così fragili e indifesi, e pure ciechi,
privi della forza e dell'abilità di alzarsi....
(H. D. Thoureau)

La situazione si è complicata quando sono arrivati, abbandonati in una scatola di cartone sopra il cassonetto dei rifiuti, tre gattini, ancora ciechi.

Ci siamo sostituiti a mamma gatta per un mese, e non è stata una passeggiata. Il veterinario ci ha spiegato che non soltanto bisognava nutrirli ogni quattro ore con il *biberon* riempito di un surrogato di latte felino che costava più o meno come il caviale, ma bisognava farli andare di corpo, cosa che *mammà* fa leccando loro il pancino e cosa che Anna ha fatto massaggiandoli con un cotone imbevuto di acqua tiepida.

Uno di loro, più debole, non ce l'ha fatta, nonostante tutte le nostre cure, dopo pochi giorni se n'è andato. Ha resistito fino al mattino, l'ora della prima poppata, l'ho preso in mano, mi ha guardato con un lampo di angoscia nello sguardo ed ha esalato l'ultimo respiro, come mi avesse aspettato sperando che io avessi potuto fare qualcosa per lui.

Caline, madre mancata, non ha preso male l'arrivo dei piccoli, anzi, ne ha adottato uno. Liquirizia, invece, non era per niente contento. Appena attrezzammo un angolo del soggiorno con gabbia riscaldata da una borsa dell'acqua calda (come raccomandato dal veterinario) e dalla vasca con la sabbia, Reglisse guardò i nuovi arrivati con un'espressione di profondo disgusto e si girò verso di me: *sei tu che mi hai fatto questo? Ma come hai potuto? Non ti bastavo io? Avevi bisogno di infliggermi la presenza di questi mocciosi puzzolenti? Ho fatto qualcosa di male, per meritare una tale punizione?*

I gatti non hanno istinto paterno. Ho passato ore a parlare con Règlisse, che si era ritirato in garage, come gli antichi romani sull'Aventino. Ho cercato di compensarlo con il cibo, ma non ha funzionato, non è goloso, mangia solo crocchette. Anna ha raddoppiato le attenzioni verso di lui, ha cercato di fargli capire che non si trattava di una losca macchinazione nei suoi confronti. Poco alla volta si è rassegnato, è ritornato alla sua vita normale e quando i gatti sono cresciuti, ogni tanto si è persino degnato di giocare con loro.

Cilli, il clandestino

I due fratelli erano tigrati color zafferano, li abbiamo chiamati Cilli e Caramel. Dei due, Cilli era il più bello, di proporzioni perfette e grande coda folta. Forse era troppo bello, si sarebbe detto che ne era consapevole, insomma, si dava un sacco di arie. Sempre in concorrenza con il fratello, saltava sul letto con un miagolio prepotente, esigeva le coccole. I primi tempi, cercavamo di arginare la sua irruenza mettendolo fuori dalla nostra camera da letto e chiudendo la porta. Una sera, Anna mi disse, ridendo: "Abbiamo un clandestino!" Cilli si era nascosto sotto il cassettone per non essere estromesso, ma non si era accorto che la sua enorme coda usciva completamente dal suo rifugio. Scoppiammo in una grande risata e lasciammo perdere, impedire ai gatti di saltare sul letto è una orrenda crudeltà, tanto vale non averli..

Caramel, l'amante della musica

Passavamo un periodo difficile. Per una serie di complicate ragioni procedurali, che avevano a che fare con il mio trasferimento in Francia, la mia pensione era stata dimezzata. Quattro gatti erano forse troppi, ci dicemmo. Che fare? I nonni di Clelia, appassionati gattofili, si offrirono di prenderci un gatto. Chi cedere? Cilli, il bello, ci sembrava un po' troppo fragile psicologicamente per sopportare un trasferimento, mentre Caramel, il fratello, non bellissimo, ma molto intelligente, poteva farcela. Lo portammo dal veterinario, gli procurammo tutte le vaccinazioni necessarie, gli facemmo il tatuaggio di riconoscimento, lo portammo a casa in attesa che Clelia andasse con suo padre dai nonni, per portare con sé Caramel.

Il gatto aveva fatto fino ad allora una vita un po' a parte, quasi all'ombra del bellissimo e vanitoso fratello. Ci aveva fatto prendere uno spavento terribile quando, a un mese, era caduto dalle scale facendo un volo di qualche metro, senza conseguenze salvo un po' di intontimento. Era un cercaguai, saltava dappertutto infischiandosi allegramente dei miei "no", faceva il buffone con i nostri ospiti, suscitando l'ilarità generale. Dopo la seduta dal veterinario che lo aveva "preparato" per il trasferimento, di colpo, cambiò atteggiamento. Divenne più tranquillo, e sopratutto enormemente affettuoso con me. Tutte le sere, battendo il fratello in velocità, arrivava sul mio cuscino e si metteva a farmi delle piccole leccatine nella barba e nelle orecchie, poi si metteva a dormire sulla mia spalla. Non resistetti più di qualche giorno, prima di decidere che Caramel non sarebbe partito, che nessuno dei miei gatti sarebbe stato messo fuori casa.

Caramel aveva un grande interesse per la musica. Seduto sul pianoforte, ascoltava Clelia suonare, e appena lei smetteva, faceva sempre una passeggiatina sulla tastiera. Nutriva una grande amicizia per Pupa, e quando io portavo la cagnolina a spasso, facendo il giro dell'isolato, veniva anche lui, il codino dritto, felice. Caline l'aveva adottato, lo leccava come fosse stato un suo piccolo, Caramel ci inteneriva tutti, con il suo fare un po' birichino e maldestro. Non mancava mai di aspettarmi davanti alla porta di casa e quando scendevo dalla macchina si metteva a pancia all'aria per salutarmi.

Purtroppo, i cuccioli erano nati sotto una cattiva stella. Cilli è scomparso ad un anno, senza lasciare tracce. L'abbiamo cercato per giorni, a piedi, in bicicletta e in macchina, chiamandolo a gran voce, abbiamo messo cartelli ovunque, ma tutto è stato inutile, Cilli non è più tornato. L'anno dopo Caramel è stato urtato da un'auto, è riuscito a trascinarsi, agonizzante, fin sulla soglia di casa, lasciando gocce di sangue sul vialetto del giardino. Anche Caramel, forse, come il suo piccolo fratello, aveva pensato che io avrei potuto aiutarlo, ma a nulla è servita la corsa disperata fino al vicino veterinario, ormai non c'era più niente da fare.

La notte seguita a quel terribile giorno, Reglisse è venuto sul letto, dalla mia parte, e per un tempo infinito si è messo a ronfare e a pestare contro di me. Non lo aveva mai fatto e non lo farà mai più. Avevo un enorme bisogno di essere consolato, *e lui lo aveva capito*.

La tragica fine di Caramel gettò nello sconforto non soltanto noi, ma anche Caline e Pupa, che per diversi giorni lo cercarono dappertutto, invano.

La seconda nidiata

La nostra vecchia gatta ha avuto tre gattini
Quali credete saranno i loro nomi?
Pepper, Moka e Cannelle, sono adatti,
mai ci furono dei gatti dai nomi più matti!
(Thomas Hood – i nomi però li ho messi io!)

La morte di Caramel mi mise in uno stato di profonda prostrazione, dal quale avevo difficoltà ad uscire. Anna, preoccupata, fece ricorso ad una sua collega, che in casa ha allestito un piccolo centro di accoglienza per animali abbandonati. Fédérique aveva da poco ricevuto tre cuccioli, due maschietti ed una femminuccia, appena svezzati. Uno dei maschi, comunicò la collega ad Anna, aveva una malformazione dalla nascita, gli mancava cioè la metà di una zampa anteriore.

Il giorno dopo, eravamo là per «scegliere» il nostro cucciolo. Li «scelsi» tutti e tre, non volli sentire ragioni. Feci bene: come già avevo un po' avuto modo di vedere con la prima nidiata, il legame fraterno tra i gatti è forte, non ce ne rendiamo conto perché le cucciolate vengono quasi sempre divise, un gatto per ciascuno, e via. I due maschi sono molto legati, mentre la femmina adesso fa vita a sé stante, ma per una ragione particolare che spiegherò in seguito.

Tenendo assieme un'intera nidiata, noi cittadini abbiamo anche l'occasione di ammirare l'intelligenza infinita di Madre Natura. Nella seconda nidiata c'erano due maschi completamente diversi tra di loro come carattere, uno pacioccone e dormiglione, l'altro attivissimo e curiosissimo, ed una femmina; i due fratelli della prima nidiata erano l'uno, Cilli, bellissimo ma un po' tonto (come quasi tutti i belli, questa battutaccia viene dall'invidia del brutto) l'altro, Caramel, bruttino ma intelligente e mascalzoncello - la natura provvede alla diversità.

Cannelle, la ballerina di Can-Can

La femmina della nidiata è Cannelle. È minuta, marmorata, a macchie fulve e nere. Ha due zampine - la destra avanti e la sinistra dietro - completamente nere, come avesse delle calze di seta nera. Curiosa delle *toilettes* come tutti i gatti, ama fare il suo ingresso mettendo in avanti la zampina nera, come una ballerina di *can-can*. Ha un musino piccolo con una macchia nera sul naso e due grandi occhi verdi, che le danno un'aria perennemente stupita e bisognosa di protezione. In realtà sono gli animaletti del giardino che dovrebbero essere protetti da lei e dalle sue arti di cacciatrice implacabile.

Quando osservo il suo comportamento, penso che in tutto il creato non c'è essere vivente così tremendamente femminile come le gatte. La loro capacità di seduzione è sconvolgente. Cannelle aveva appena aperto gli occhi che era già femmina fino alla punta delle sue zampine. Il suo modo di muoversi, di spalancare gli occhi, di giocare, di guardarmi, tutto è apertamente fatto per sedurre, per sedurre il maschio di casa, gatto o uomo che sia, ed è questo che trovo unico tra gli animali – almeno tra quelli che conosco.

Tutto è andato bene con Cannelle fino a quest'inverno, quando Caline di colpo ha deciso che non la sopportava più, e ha cominciato ad aggredirla. Ormai Cannelle non dorme quasi più da noi, si fa vedere qualche volta per mangiare, cerco di dargliene il più possibile in poco tempo, tenendo Caline lontana da lei. I primi tempi temevo che non tornasse più, ma non è così, sa che le vogliamo bene, siamo la sua famiglia, non ci ha lasciato. Quando viene a mangiare, fa sempre un giretto nella casa, come per assicurarsi che tutto è ancora al suo posto, poi scappa velocissima.

Moka, o del sonno a oltranza

Vieni, mio bel gatto, sul mio cuore innamorato;
Trattieni le unghie della tua zampa,
E lascia che mi tuffi nei tuoi occhi splendidi
di acciaio e d'agata assieme.

Mentre le mie dita scorrono con diletto
sulla tua testa e sulla tua schiena flessuosa,
e la mia mano è ebbra di piacere
nel toccare il tuo corpo elettrico.
(Baudelaire)

Mai un nome fu meno appropriato. Moka è tutt'altro che sveglio, come il richiamo al caffè potrebbe far pensare. E' un tigrotto grigio a strisce scure, e la sua parola d'ordine è *dormire*. Se è vero che i gatti dormono diciotto ore al giorno, lui almeno ventidue. Quando fa freddo dorme perché il freddo concilia il sonno, e non c'è niente di meglio, in inverno, che starsene al calduccio a dormire. Quando fa caldo, perché non approfittare del fresco delle piastrelle del soggiorno, per dormire?

La sera, prima di andare a letto, apro la vetrata che dà sul giardino e chiamo i miei gatti. Qualche volta nessuno si fa vivo, tranne Moka. Entra, mangia per darsi un po' di slancio, sufficiente a fargli salire le scale ed a saltare sul letto, dove si allunga e si mette a pancia all'aria per avere la sua grattatina. Poi si sistema in una delle ceste del corridoio, e dorme, naturalmente.

La mattina all'alba, se hanno passato la notte in casa, Pepper e Règlisse sono già pronti per uscire. Moka dorme ancora, tira di lungo, scende a metà mattinata con gli occhietti semichiusi, dà un colpetto alla crocchette per avere abbastanza energia, guarda fuori per capire che tempo fa, si stira con cura, prima le zampe anteriori inarcando il dorso, poi le posteriori e finalmente esce (forse!) anche lui, buon ultimo.

Qualche volta scende al galoppo le scale, arriva in cucina come una bomba ed esce di corsa, con l'espressione che abbiamo noi quando ci siamo resi conto di non aver sentito la sveglia e di essere maledettamente in ritardo. Difficile capire perché si comporti così. Io ho fatto l'ipotesi seguente: non vi è mai successo, quando siete in viaggio, di svegliarvi credendo di essere da un'altra parte ed essere stati presi da un momento di panico quando vi siete resi conto di non essere dove vi aspettavate? Ebbene, credo sia questo che capiti a Moka. Anche lui viaggia: dalla cesta del corridoio al mio letto, dal mio letto a quello di Clelia, dal letto di Clelia alla poltrona del soggiorno, dalla poltrona del soggiorno alla poltroncina del mio studio. Sono veri e propri viaggi, interrotti da profonde dormite, necessarie per recuperare le forze. È ovvio che qualche volta gli capiti di svegliarsi in un posto che non si aspetta, e dunque viene preso dal panico e si mette a correre, disperatamente.

Moka è un valore sicuro, come i titoli di stato. Quasi sempre in casa, sempre disponibile alle coccole in cambio di una grattata alla pancia, placido, contento, mai aggressivo tranne qualche scatto con il fratello o la sorella, ma di brevissima durata.

Ha il dono di capire, dovunque lui si trovi, quando mi siedo sulla mia poltrona. Arriva in pochi minuti, fa un giretto intorno alle mie ginocchia, con un piccolo miagolino che finisce in una *erre* dolce e strascicata mi chiede il permesso di saltarmi in braccio, se batto con la mano sulla poltrona arriva e si acciambella, dopo aver trovato la buona posizione. Ma se non lo invito, non si fa problemi, non si offende, passa direttamente al lettino - divanetto dove si mette, naturalmente, a dormire.

La vecchia poltrona è anche il posto dove, durante l'inverno, scrivo sul mio PC. O lui o il gatto: Moka lo sa benissimo, allora salta comunque sulle mie ginocchia, anche senza invito, passa rapidamente sulla tastiera riempiendomi lo schermo di qualche lettera, poi si mette sul divanetto accanto a me e mi guarda, con l'aria di dire *vedi cosa ti perdi?*

Durante l'inverno devo sovente trafficare nel camino, o per aggiungere legna o per ravvivare il fuoco, e non posso fare questo tenendo Moka sul mio grembo. Allora lo pendo con delicatezza e lo poso sul lettino. Moka aspetta pazientemente che io abbia finito, poi ritorna sulle mie ginocchia, gira su stesso un paio di volte per ritrovare la posizione giusta, e si riaddormenta, come nulla fosse successo.

Quando sono seduto in giardino, invece di saltarmi in braccio mi fa una sfregatina, poi mette il muso nell'erba, e facendo perno sulla testa si torce tutto in modo di arrivare a coricarsi a pancia in su, e alla fine con uno sguardo languido mi fa capire che gradirebbe una grattatina, proprio sul pancino, grazie...

Moka è perennemente in dubbio sul da farsi, più ancora degli altri gatti, credo che abbia dei brevi momenti di narcolessia che gli impediscono di prendere decisioni rapide. L'unica decisione che prende in velocità, è quella di dormire. Un giorno lo osservavamo, Clelia ed io, mentre si lavava una zampa. Si lavava meticolosamente, con calma, come chi, osservò Clelia, sa di avere tutto il tempo dalla sua. Finita l'operazione sulla zampa destra, invece di continuare con la sinistra, come avrebbe fatto qualunque altro gatto, Moka appoggiò il muso sulla zampa lavata e... si addormentò, pacificamente. Un breve pisolino, poi si alzò, si diresse verso la tazza delle crocchette, fece uno spuntino per recuperare l'energia consumata, si sdraiò sul pavimento, e continuò l'operazione cominciata, ma a quel punto Clelia ed io, che purtroppo non avevamo tutto il giorno a disposizione, ce ne siamo andati. Non sono quindi in grado di dire se si era rimesso a fare un pisolino e uno spuntino per ogni zampa, ma, conoscendolo, penso che sia andata proprio così.

Mentre scrivo queste righe, cosa pensate che stia facendo Moka? Proprio quello, sì, dorme da qualche parte, non so dove, ma sono sicuro che sta beatamente dormendo.

Pepper, il gatto a tre zampe

G era un gattino
Che faceva piroette
E imparò a mangiare i topi
Senza piatti né forchette.
(da un sillabario)

Pepper è il gatto a tre zampe. È un tigrotto a strisce scure, come Moka, dai bellissimi occhi verdi. Se la natura, privandolo della metà della zampa anteriore destra non lo ha trattato bene, lo ha compensato con altre cose. Lo ha compensato con una coda bellissima, folta e maestosa e sopratutto con l'intelligenza ed il carattere. La zampa corta termina con una specie di guanto senza unghie, dunque è assai poco utilizzabile. Ma la coda imponente, sempre dritta lo aiuta a sembrare più grosso di quello che è, scoraggiando gli eventuali nemici. Non soltanto: la sua coda compensa il fatto che, senza una zampa davanti, si trova ad essere sbilanciato. Ha il ruggito di un leone, è battagliero e già nelle baruffe infantili con il fratello ho subito notato che non cedeva facilmente il campo. Si arrampica dappertutto senza difficoltà, il suo problema è la discesa, deve ammortizzare la caduta con una zampa sola. L'altra difficoltà è grattarsi la parte sinistra del muso, ma un po' ci riesce con la zampina corta.

La mancanza di una zampa anteriore fa assumere a Pepper una posizione asimmetrica. La scapola corrispondente alla zampa normale è spinta verso l'alto, tanto come l'altra è costretta a piombare verso il basso e questo fatto gli crea una specie di gobba. Tiene sovente le orecchie piegate all'indietro, come se fosse scontento (e forse un po' lo è!) e ciò, assieme al fatto che è basso davanti, gli dà l'aspetto di un cane da punta, che allunga il muso e tiene una zampa anteriore raccolta. Come fosse sempre pronto a partire di corsa, ed in effetti è proprio così.

Se non so dov'è, ho un metodo semplicissimo per trovarlo: appallottolo una pallina di carta, facendola crocchiare tra le mani. Compare all'instante, vuole la pallina per giocare, gliela butto e lui si precipita, palleggiando tra la zampa intera, quella monca e il muso. Si fa sentire, è un brontolone, come Caline, con la quale difatti ha un rapporto privilegiato. Quando vuole uscire, o quando ha aspettato secondo lui un po' troppo che io aprissi la porta, miagola forte con un verso strano, che sembra più allo stridio di un uccello che ad un vero miagolio. Qualche volta, quando lo vedo sul camino del *barbecue*, mi sembra un falchetto che aspetti la preda.

Pepper è il compagno fedele della mia giornata casalinga. Non ama stare con me quando faccio pulizia, come tutti i gatti aborre l'aspirapolvere, ma quando lavoro in giardino o in garage o alla mia scrivania allora non manca mai. Spia i miei movimenti, sa che prima o poi farò una pallina di carta per vederlo correre e giocare, e aspetta il momento buono.

Quando vede che spengo le luci e mi dirigo verso la scala per andare a dormire, allora mi passa davanti come una freccia per arrivare sul letto prima di me e aspettarmi sul cuscino. Poi si acciambella sul letto, sovente dalla parte esterna, cosi quando di notte mi alzo devo farlo sloggiare, lui protesta vivacemente, ma è un testone, insiste. Così come insiste, certi giorni, a saltare sul terrazzo, per poi spiacciarsi contro il vetro e miagolare penosamente per farsi aprire, gli apro con una certa difficoltà, la vetrata scorre male, lui salta dentro brontolando, e corre attraverso la casa per uscire dalla parte del giardino.

La mia tribù felina non è molto amichevole con gli ospiti, tranne Pepper. Si mette in mostra, si sfrega, salta dappertutto e gode palesemente a sentire l'attenzione portata nei suoi confronti. È un commediante, un giullare, un buffone di corte che sfrutta il proprio aspetto deforme per suscitare il riso ed attirare le attenzioni del pubblico.

Non ama essere preso in braccio, io credo che la posizione storta che è costretto ad assumere gli provochi dei dolori alla schiena. Però ha i suoi momenti affettuosi, più rari di quelli di Moka, ma intensi. Se vuole le coccole, non lo ferma nessuno, a differenza del fratello non si sogna di chiedere il permesso, mi piomba addosso, ronfa e vuole essere grattato dappertutto. È un protagonista, deve essere lui a condurre il gioco. Fa sovente il gradasso, esce baldanzoso in mezzo alla tempesta per poi rientrare come un razzo al primo tuono, terrorizzato. Oppure sale da qualche parte da dove poi non riesce più a scendere: allora mi guarda, e ai miei rimproveri risponde con un miagolino flebile, da gattino piccolo piccolo, per farmi pena.

È il gatto più goloso della famiglia. Quando rientra al mattino, esige un compenso gastronomico per essere rimasto fuori la notte - cosa ovviamente decisa da lui e non da me, che prima di chiudere la vetrata l' ho chiamato come tutti gli altri - e io tiro fuori la scatoletta di tonno, o un po' di prosciutto, oppure il fondo di uno yogurth, insomma, qualcosa di buono, apposta per lui, è l'unico che me lo chiede.

Talvolta, vedendolo camminare claudicante, con la sua espressione perennemente corrucciata, provo una stretta al cuore, ho l'impressione che zoppichi sempre di più, ed in parte è vero, crescendo la differenza tra le tre zampe normali e quella corta è aumentata, così come è aumentata la sua altezza da terra. Poi gli butto la pallina di carta, lui gioca, me ne chiede un'altra, allora penso che nonostante il suo *handicap* è felice e mi rasereno. Quando mi combina qualche guaio - è quello che ne combina di più - gli urlo dietro come a tutti gli altri, io sono assolutamente contrario alla discriminazione positiva. È lui che sfrutta la situazione, senza nessun ritegno. Una delle sue birichinate preferite è quella di sdraiarsi sul tavolo del soggiorno, sopratutto quando c'è la tovaglia ricamata. Scendo la scala, lo vedo, urlo, lui si alza, si avvicina al bordo del tavolo per saltare giù, si ferma e mi guarda, con aria falsamente angosciata: *vuoi che salti giù da questa altezza terribile, con una zampa sola per frenare? Vuoi che mi rompa l'unica che ho?* Alla urlata successiva salta senza difficoltà, quando scende dal muretto del giardino salta da un'altezza doppia di quella del tavolo, naturalmente...

Detto tra noi, tutta la tribù ha capito da tempo che alle urla non segue nient'altro, e si regola di conseguenza, ovvero assumono un'espressione terrorizzata per farmi contento, fino alla prossima volta.

I rumori dei gatti

Sì, è vero, i gatti sono silenziosi, ma un po' di rumore lo fanno anche loro. Di notte, quando non riesco a dormire e la strada è deserta, tendo l'orecchio per ascoltare. Un piccolo ronfare con un leggero ansimo, è Liquirizia. Rumore di lingua che batte contro l'acqua, è Caline che sta bevendo, beve tantissimo. Galoppi giù per le scale, sono Moka e Pepper che si rincorrono. Un solo galoppo è Moka che scende in cucina per fare uno spuntino, un galoppo a singhiozzo è Pepper, con le sue tre zampe. Ringhio furioso con soffiata e galoppo successivo, è Caline che insegue Cannelle. Ringhio sordo non seguito da altri rumori, è di nuovo Caline che dopo sei anni che Liquirizia sta in casa, ancora non si è rassegnata. Rumore di qualcosa che rotola sul pavimento, qualcuno (quasi sempre si tratta di Pepper) si è tirato giù una penna dalla scrivania dello studio e ci gioca nonostante sia notte fonda - certe volte ci dimentichiamo che i gatti sono animali ad abitudine notturna.

Quando siamo davanti alla televisione, l'allegra tribù sa benissimo che non abbiamo voglia di alzarci, inoltre il rumore costituisce un'ottima copertura alle birichinate. Ma il volume della TV talvolta diminuisce improvvisamente, e mi permette di sentire, ad esempio, un affannoso crocchiare di carta: è Pepper che si è cacciato a testa in giù nel cestino della carta straccia e sta cercando di tirarsi fuori una pallina per giocare. Urlo: "Pepper, esci di lì *immediatamente!*". Improvviso silenzio. La Tv riparte alla grande. La fermo: di nuovo rumore di carta rimestata. Urlo e mi alzo furioso. Di nuovo silenzio. Salgo i gradini che portano alla cucina, dove si trova il cestino. Come arrivo, vedo Pepper che saltella verso l'uscita zoppicando in maniera plateale. Si mette davanti alla vetrata e mi guarda con aria di sfida: *non oserai mica sculacciare un povero gatto handicappato, vero?* Infatti non oserò, sospiro, lo faccio uscire e raccolgo tutta la carta sparsa sul pavimento della cucina.

Le porte chiuse

I gatti non amano le porte chiuse. Non possono sopportare le limitazioni alla loro insaziabile, inesauribile curiosità. Noi lo sappiamo benissimo, ma la casa ha anche le sue esigenze. Ci sono alcuni locali che non possiamo lasciare aperti, uno è il laboratorio della ceramica e l'altro è il garage, il primo per gli attrezzi che potrebbero essere pericolosi e il secondo per non fare entrare il freddo in casa. Con il laboratorio abbiamo meno problemi, un po' perché lo usiamo poco, almeno in questo periodo, e un po' perché il tornio fa un rumore sgradevole, che i gatti non amano affatto. I problemi, invece, riguardano il garage. Nel garage non c'è mai stata un'auto, in compenso c'è di tutto e di più, ma soprattutto c'è la lavatrice e ci sono le biciclette, cose delle quali ho continuamente bisogno. Le mie furbe bestiole l'hanno capito immediatamente. Sanno che quando scendo le scale, nove volte su dieci vado in garage, e se ho in mano la cesta della biancheria la cosa è assolutamente sicura. Sanno anche che con la cesta in mano, o peggio con la bicicletta non posso chiudere la porta con la rapidità necessaria a bloccarli, il gioco è fatto. Mi precedono di corsa, mi passano sui piedi e con tempismo perfetto si infilano nella porta. Hanno vinto. Non ho nessuna speranza di recuperarli in mezzo al disordine, hanno cento posti dove infilarsi per giocare e guardarmi mentre li cerco, urlando inutili minacce. Gli amanti del garage sono essenzialmente due, Pepper e Liquirizia. Liquirizia ci sta poco, fa un giretto di controllo come una guardia notturna ed esce quasi subito; invece Pepper si piazza e ci sta delle ore, adora dormire nella biancheria in attesa di lavaggio, oppure rovista tra le biciclette e i miei attrezzi, quando non si infila nell'armadio dei vestiti da sport. La cosa che non capisco è perché voglia stare in un locale che d'inverno ha la temperatura dell'esterno, mentre ha a disposizione una casa riscaldata, confesso che per quanto io creda di conoscerli, i gatti riusciranno sempre a sorprendermi.

L'orto a quadretti

Un anno fa, Anna decise di fare nel nostro prato un orto a quadretti. Abbiamo un terreno pessimo, fatto di argilla e pietrame che ho diverse volte tentato di migliorare, spezzandomi la schiena per zappare e mettere terra buona, senza alcun risultato. Abbiamo seminato un'erba speciale "per terreni difficili" ma evidentemente il nostro terreno è troppo difficile. Così, avendo anche trovato dei quadrati di legno a un modico prezzo, l'avventura è cominciata. Montati i quadrati, li ho riempiti di terra e torba, secondo le istruzioni contenute in diversi e ponderosi trattati, che mia moglie aveva consultato con cura. Poi Anna ha lavorato intensamente sul PC, facendo un dettagliato progetto delle semine nei nove quadratini nei quali si dividono i quadrati grandi, la cui dimensione è di 110 centimetri di lato. Alla fine la terra è stata rastrellata ed è avvenuta la semina.

La tribù felina aveva fino ad allora seguito le operazioni con un certo distaccato interesse, come verso una qualunque altra attività fatta in casa. Il mio andirivieni con la carriola piena di terra li impauriva, o almeno si divertivano un modo a corrermi davanti con l'aria falsamente terrorizzata, finendo la corsa con le unghie piantate in uno dei due pini.

Finalmente, dopo la semina, la calma è tornata in giardino. I gatti hanno scoperto sette quadrati pieni fino all'orlo di terra morbida, fresca, leggera. Credo che in quel momento il loro amore per noi, già grande, sia cresciuto a dismisura. Sette quadrati per giocare, per dei gatti è quasi come avere Disneyland in casa. Non solo per giocare, naturalmente: che delizia fare i propri bisogni così al largo, senza doversi infilare in quella scomoda toilette per gatti, dove oltretutto non sempre la sabbia è stata cambiata di recente! Come avere un parco giochi attrezzato di servizi igienici, il sogno di ogni gatto. La produzione dell'orto non è stata eccezionale il primo anno, ma come tutti sanno, i felini non vanno matti per l'insalata..

Gli ospiti

La voce che in una casa i gatti sono ben trattati si sparge rapidamente per il quartiere, e i felini non resistono alla curiosità, devono venire a vedere e sopratutto a controllare la qualità del ristorante. Sono tutti gatti accasati e ben nutriti, vengono qualche giorno e poi spariscono per un po', forse i loro padroni si sono assentati, o semplicemente soddisfano, appunto, la loro inguaribile curiosità. Il primo ad arrivare è stato un bellissimo gattone dal pelo lungo color cenere e dagli occhi verdi. Faceva la corte a Cannelle e non gliene importava nulla delle crocchette. Da un po' di tempo non l'ho più visto, evidentemente qualcosa tra di loro non ha funzionato. Abbiamo invece due ospiti per il *self-service*, talmente assidui che li abbiamo battezzati. Uno, tigrato, che assomiglia moltissimo a Moka l'abbiamo chiamato Kamo; l'altro è bianco e nero come Liquirizia ma meno bello, l'abbiamo chiamato Felix per la sua somiglianza con un gatto che compare in una pubblicità di cibo per felini.

Quando arriva un nuovo venuto, i gatti della famiglia entrano in agitazione. Ruggiti e soffiate in prima battuta, ma senza violenza. Il nuovo venuto si ferma, abbassa la schiena, e attende. Il seguito dipende dal carattere dell'ospite. Kamo è prepotente, cerca di entrare in casa, cosa che non gli permetto (cinque gatti in casa sono sufficienti), una volta che l'ho cacciato mi ha ruggito. La sua prepotenza non è piaciuta alla mia famigliola, da qualche tempo Moka lo assale, aspetta che si giri e gli salta addosso, lui scappa, anche se è aggressivo sa di non essere a casa sua e non combatte, rispetta il sacro principio del territorio.

Felix è tutta un'altra pasta. Placido, un po' obeso, ha scelto di interpretare la parte del gatto dolce e beneducato. Si accuccia, socchiude gli occhi, e aspetta. Se sul terrazzo non ci sono crocchette, riempio un piatto e glielo porgo, una volta che pure lui è entrato gli ho spiegato che doveva restare fuori per mangiare. Ha capito talmente bene, che quando le crocchette non sono nel piatto, non entra, anche se la porta è aperta, ma miagola dolcemente per avvertirmi della sua presenza.

Da un po' cerca di nuovo di entrare, vorrebbe far parte della famiglia. Una sera ho fatto la mia chiamata alla tribù (apro la porta e dico "patatiniii"), ed è arrivato lui, mi ha guardato con aria triste, come a dire *perché io no? Non sono dunque un patatino anch'io?* Francamente, non so quanto resisteremo, oltre a tutto è affettuoso, Anna sta per crollare, Clelia è già crollata, io tengo duro, ma la mia resistenza non è infinita...

Caline, la matriarca, normalmente aggressiva, invece non si sente minacciata dagli ospiti, probabilmente perché non sono femmine. Li guarda, poi mi guarda con le orecchie all'indietro, un po' seccata, come volesse dirmi: *li prendiamo tutti adesso? Cosa siamo diventati, un albergo? Diamo da mangiare a tutto il quartiere? Boh, alla fine sono affari tuoi!* Entra in casa, e per rassicurarsi va a controllare che la sua tazza sia ben piena di crocchette. Perché se la tazza è, orrore, non dico vuota, ma non abbastanza piena, quindi si delinea una eventuale, pur se remota, carenza di crocchette, allora protesta a voce alta, arrabbiatissima. Non importa se dappertutto ci sono tazze piene di crocchette, lei le vuole nella *sua* tazza, quella rossa, le altre non contano.

I gatti della mia vita

La mia prima infanzia è trascorsa negli anni di guerra, anni nei quali, malauguratamente, i gatti erano considerati più come cibo che come compagni di vita. Ricordo l'urlo delle sirene quando bisognava scendere nei rifugi, la campagna dove eravamo sfollati, con i tedeschi che passavano a cercare i partigiani e i partigiani che arrivavano subito dopo, a cercare i tedeschi. Ma non ricordo nessun gatto, anzi, non mi ricordo di nessun animale, la fame era tanta e tutto quanto si poteva mangiare veniva mangiato, o requisito, o ancora venduto illegalmente e a caro prezzo ai cittadini, ancora più affamati dei contadini.

Dopo la guerra abbiamo messo tutte le nostre cose su un camion e siamo ritornati a Torino, i miei nonni materni, mia madre, mio fratello ed io – mio padre non è tornato, la sua vita è finita in Corsica, dove era stato mandato, in un incidente tra due camion militari.

La casa dove abitavamo prima della guerra era stata distrutta durante un bombardamento, e tutto quello che avevamo trovato era un minuscolo alloggio al piano terreno vicino al Valentino. La cucina aveva un balconcino che dava su un cortile, delimitato da un muro dietro al quale doveva esserci un altro cortile. Doveva esserci, ma non ricordo di avere mai guardato al di là, quello era il confine del mio mondo.

Ricordo più il cortile che l'alloggio: mio fratello ed io vivevamo nel cortile, assieme agli altri ragazzi della nostra età. Noi non dovevamo fare altro che scavalcare la ringhiera e saltare giù, per cui il cortile era quasi un prolungamento del nostro piccolo appartamento. Nel cortile si svolgevano anche le attività degli artigiani itineranti, necessari in quei tempi nei quali nessuno aveva la macchina. Una volta alla settimana passavano le lavandaie, che prendevano le lenzuola; una volta l'anno arrivavano i cardatori, che cardavano la lana dei materassi con uno strano apparecchio oscillante, che prendeva la lana appiattita dai sonni invernali e la risputava vaporosa, raddoppiata di volume. Noi ragazzi non eravamo contenti, le prime notti il materasso, nel quale si era scavata la nostra sagoma, era tutto gobbe, si dormiva malissimo – ma era una cosa necessaria all'igiene, quando l'igiene costava sforzi notevoli.

Poi c'erano gli artigiani che arrivavano di tanto in tanto, all'improvviso. C'era l'arrotino, che piazzava la sua bicicletta in cortile, con una forcella che sollevava la ruota posteriore, in modo che le pedalate facessero girare la mola. Mio nonno diceva che gli arrotini erano tutti bergamaschi, perché da quelle parti si lavorava il ferro, e passavano sotto le finestre gridando: *mulitta, mulitta*. Ogni tanto veniva anche il vetraio, anche lui in biciletta, con i vetri messi su un telaio appeso alla schiena. Lui gridava: *vetriee*, ma forse perché era più istruito degli altri, aggiungeva la traduzione in italiano: *vetraiiiooo...*

Achille

Da quel muro che divideva il nostro cortile dal resto del mondo, era discesa una gatta tigrata. Mia mamma aveva insistito per accoglierla, era lei l'amante dei gatti. Quando era ragazza era riuscita ad avere un gatto, nonostante la scarsa simpatia che mia nonna, sua madre, nutriva per gli animali in casa, eterna minaccia alla perfetta pulizia. Ma era durato poco: la bestiola, indispettita per essere stata lasciata sola una sera, aveva fatto i suoi bisogni sul letto e questo era stata la sua condanna, mia nonna non l'aveva sopportato, il gatto era partito per ignota destinazione. Quell'abbandono aveva talmente segnato la vita di mia madre, che non faceva altro che raccontarmelo.

Poco dopo la sua comparsa, la gatta aveva portato con sé un piccolo, tigrato come lei ma a strisce scure, probabilmente l'unico che i suoi sconosciuti padroni le avevano lasciato. Non ricordo che io e mio fratello avessimo giocato un gran ché con la gatta. Però mi ricordo un fatto curioso, che mi aveva sorpreso tantissimo. Ho sempre avuto, fin da piccolo, la mania di imitare i versi degli animali. Mi esercitavo così tanto da aver raggiunto dei risultati notevoli, talmente notevoli che il regista della compagnia teatrale nella quale recitavo decise di utilizzarmi per imitare il verso del gallo - mio nonno che veniva a tutte le repliche della "Calzolaia ammirevole" di Garcia Lorca, dove oltre che il gallo facevo la parte di un ragazzino pestifero - mio nonno ascoltava i commenti stupiti degli spettatori, che ad ogni canto di gallo si chiedevano cosa facevano alla povera bestia per costringerla a cantare così bene. Allora mio nonno, con enorme orgoglio diceva "Macché gallo, è mio nipote!". Con la gatta tigrata, feci i miei primi esperimenti di imitazione di miagolii, ed un giorno la cosa mi venne talmente bene che la gatta, che dormiva su una sedia, saltò giù e si mise a guardarsi intorno, per cercare il gatto misterioso.

Ricordo la meraviglia con la quale avevamo osservato tutte le cure che la gatta riservava alla sua creatura, la cura con la quale lo leccava e la dolcezza con la quale lo prendeva in bocca per riportarselo a casa. Il piccolo divenne immediatamente il nostro compagno di giochi. Mia madre ci insegnò i primi rudimenti del linguaggio felino : *ronron*, felicità; sfregata con gobba, simpatia; orecchie indietro (fare la mosca) contrarietà; un orecchio avanti e l'altro indietro, dubbio; coda dritta, contentezza; coda a mezz'aria sferzante: nervosismo, aggressività; passarsi la zampa dietro l'orecchio: cattivo tempo in arrivo.

Questo potere dei gatti di predire il cattivo tempo mi ha sempre affascinato, e le numerose spiegazioni scientifiche in proposito non mi hanno mai convinto del tutto. Il sabato, quando mia madre preparava la inevitabile gita del giorno dopo, a sciare in inverno ed a camminare in estate, spiavamo Achille (questo era il roboante nome che avevamo dato al gatto, la ragione mi sfugge) con apprensione. Come cominciava a leccarsi una zampa, l'urlo: «si sta lavando!». Gli piombavamo tutti attorno. Lui ci guardava un po' sorpreso da tanta attenzione, ed interrompeva la toeletta. La tensione era palpabile. Achille ricominciava a leccarsi la zampa, accuratamente, con studiata lentezza, sembrava si divertisse a tenerci in sospeso. Poi portava la zampa verso muso, e là nessuno respirava più, era il momento della verità.

Se al primo colpo la zampa andava dietro l'orecchio, era finita, il giorno seguente il tempo sarebbe stato orribile. Sollievo: la zampa andava *sotto* l'orecchio. Era un sollievo temporaneo: la passata d'orecchio poteva avvenire al secondo colpo, anche al terzo o al quarto; ma valeva di meno, il tempo sarebbe stato variabile, non brutto. E finalmente, se dopo aver finito la toeletta Achille si metteva a dormire senza mai essersi passato l'orecchio, sapevamo che avremmo avuto un tempo bellissimo.

Achille passò con noi un po' di anni, non ricordo assolutamente quanti. Anche lui non viveva da noi, passava la giornata e poi spariva dietro il muretto. Non ricordo che gli dessimo da mangiare, ma data la quantità di cibo che consumavamo (mio nonno era un grande mangiatore, soleva dire che era disposto a far economia su tutto meno che sul cibo) e la mancanza del frigorifero sono convinto che mia nonna, che non amava i gatti ma mai avrebbe negato il cibo a chicchessia, gli riempisse qualche piatto di avanzi.

Subito dopo la guerra il frigorifero non era ancora diventato in Italia un apparecchio di uso comune e noi avevamo una ghiacciaia rifornita ogni giorno dal camion elettrico del ghiaccio, che arrivava annunciato da una tromba e da un urlo cantilenante *ghiaccio-ghiaccio-ghiacciooooooo*, due parole brevi e l'ultima lunga, con la *o* trascinata che si confondeva nel suono della tromba. Io correvo con dieci lire e tornavo con il pezzo di ghiaccio avvolto nel telo pulito che mi aveva dato la nonna. In piena estate, se portavo con me un bicchiere, l'uomo del ghiaccio me lo riempiva con una grattata decisa e a casa mia nonna ci aggiungeva un po' di zucchero e di limone per fare la granita.

Achille era il nostro compagno di giochi, ma devo ammettere che era anche la vittima del nostro sadismo infantile. Gliene facevamo di tutti i colori, senza fargli del male, ovviamente (nostra madre non ce lo avrebbe mai permesso) ma pretendevamo che giocasse con noi, volente o nolente. Difendeva la propria fiera indipendenza felina con decisione, tanto che avevamo le braccia coperte di graffi, ma ci amava e noi lo amavamo. Divenne rapidamente un bel gattone tigrato, talmente florido che mio nonno ogni tanto lo osservava con l'aria di chi se ne intende, poi si stropicciava le mani e borbottava: "È il momento buono per la padella, è proprio bello grasso!" Mio nonno era un uomo profondamente buono, mi adorava e non avrebbe mai fatto nulla del genere, ma nonostante che ogni volta la sua battuta mi facesse scoppiare in un pianto dirotto, non resisteva a ripeterla di tanto in tanto, oltre alla buona tavola amava le battute e gli scherzi, era più forte di lui.

Achille era l'unico gatto che io abbia conosciuto che andava pazzo per le olive. Andava pazzo nel vero senso della parola, le mangiava e poi si dimenava, correva da tutte le parti, come preso da un *raptus*. Sentii una volta mia madre dire che le olive erano per lui un "afrodisiaco" e per diversi anni credetti che lei volesse dire che Achille veniva dall'Africa. Dato che mia madre aveva pronunciato quella parola con uno strano sorrisetto, non osai chiedere ulteriori spiegazioni – tutte le volte che gli adulti dicevano qualche cosa con quel sorrisetto, se chiedevo spiegazioni mi rispondevano che l'avrei capito da grande.

Un'estate durante la quale eravamo in campagna, mia madre dovette andare nell'alloggio di Torino e quando ritornò ci raccontò, con un certo disappunto, che Achille si era precipitato in casa appena aveva visto che la porta finestra che dava sul cortile era aperta, che ci aveva cercato ansiosamente dappertutto e che, constatato che i suoi compagni di giochi erano assenti, se ne era andato molto deluso, senza neanche aspettare che mia madre gli riempisse la ciotola. Quella volta capii, contrariamente a quanto molti detrattori dei gatti raccontano, che i gatti, come i cani, ci amano, vogliono la nostra presenza e non soltanto il nostro cibo.

Un giorno, Achille scomparve senza che ne sapessimo la ragione. Mio fratello partì per la Russia (che allora si chiamava URSS), mio nonno morì e noi cambiammo casa, traslocammo in un alloggio più confortevole in un altra parte di Torino. Fu un periodo senza gatti. In compenso (posto che l'essere senza gatti possa avere un compenso) fu un periodo austero, di lotta per il socialismo al servizio della classe operaia, e chiunque abbia un gatto sa benissimo che l'austerità mal si accorda con l'edonismo felino - e forse questa è la ragione per la quale il gatto non è benvoluto da nessuna fede, laica o religiosa che sia.

La gattina di Pranzalito

Nove topolini si misero a filare,
Lady gatta passò di lì e volle sbirciare
"Che state facendo, miei cari ometti?"
"Per i signori tessiamo i cappotti!"
"Posso entrare a tagliare le tele?"
"Oh no, Lady gatta, vi farete male!"
"E allora, magari, vi aiuterò a filare!"
"Sarebbe bello, ma non potete entrare!"
La gatta disse:"Che grandi luminari,
adoro i vostri baffi e quegli occhioni neri,
la vostra casa è la più bella che abbia mai visto,
siete sicuri che per me non ci sia posto?"
I topi aprirono la porta soddisfatti,
la gatta entrò, e se li mangiò tutti!
(Anonimo)

I casi della vita mi portarono da Torino a Bologna, poi in Canavese, dove soggiornai per una trentina d'anni. Per molti anni avemmo la possibilità di utilizzare una casa di campagna poco lontano da Ivrea, in un piccolo villaggio che si chiama Pranzalito. La casa era stata di proprietà della mia famiglia fino alla fine della guerra e là, appunto, avevamo passato gli anni dal 1943 al 1945. La morte di mio padre, e le conseguenti ristrettezze economiche che ne erano seguite ci avevano costretto a venderla, ma avevamo mantenuto il diritto ad utilizzarne una parte in estate. Quando poi i proprietari si erano trasferiti in America, dai loro figli, ci avevano lasciato tutta la casa in uso gratuito in cambio della sua manutenzione. Divenne la nostra seconda casa, ci passammo tutte le estati dall'infanzia all'adolescenza e quando mi stabilii in Canavese continuammo ad utilizzarla come residenza di campagna.

Le vacanze della mia infanzia erano divise in due periodi: un periodo in montagna - era la parte eroica ed austera, giornate intere a camminare per ore e ore ad alta quota, ed un periodo in campagna con i nonni, a Pranzalito, e quella era la parte ludica. Durante le gite in montagna regnava una disciplina militare, non parlare per risparmiare il fiato, non bere per risparmiare l'acqua, mordere al massimo un limone, non lamentarsi perché se no "la prossima volta porto solo tuo fratello". Salire a capo chino, alzandolo ogni tanto per cercare di capire se il cielo dietro gli abeti era quello della fine della salita, o non piuttosto il maledetto, abominevole *falsopiano*, dopo il quale si saliva ancora, e ancora, e ancora... fermarsi non più di cinque minuti ogni ora, cronometro alla mano, e mangiare solo alla fine della salita, in quel lassù che non arrivava mai. Tirarsi sulla testa il cappuccio della giacca a vento di cotone, impermeabile come la carta assorbente, per far finta di ripararsi dall'inevitabile temporale pomeridiano, che ci faceva arrivate bagnati fradici alla fermata del treno - quando non capitava di prendere la neve. A casa la nonna, togliendoci i vestiti inzuppati e cacciandoci nella vasca da bagno, avrebbe detto: "*Povri cit*"(poveri bambini) lanciando uno sguardo carico di rimprovero a mia madre. Noi eravamo felici, al ritorno a scuola avremmo raccontato le nostre imprese, per nulla al mondo avremmo voluto passare le vacanze come gli altri, quelli che, come diceva mia madre con disprezzo "non amavano la montagna".

Avevamo anche bisogno di libertà, e mia madre lo sapeva benissimo. La libertà era appunto Pranzalito, dove non eravamo costretti a tacere, a non bere, a non mangiare e a non lamentarci. Potevamo fare tutto, nel rispetto delle normali regole di buona educazione e del nostro prossimo. Mio fratello ed io ci immergevamo con una gioia immensa in quell'universo di peli, di piume e di odori così lontano dalla città e dalla pulizia quasi ospedaliera che mia nonna faceva regnare nel piccolo alloggio di Torino. L'economia delle fattorie canavesane era basata sulla autosufficienza e quindi sulla diversificazione, niente a che vedere con le fattorie moderne, somigliavano a quelle che oggi chiamiamo "biologiche". Quindi c'erano conigli, galline, tacchini, oche, anitre, mucche, capre, maiali, in qualche raro caso dei cavalli - il cavallo era considerato un lusso, riservato alle famiglie più ricche, che non lo usavano per lavorare la terra ma per tirare il calesse, sul quale il padrone di casa si pavoneggiava nei giorni di festa.

L'insaziabile curiosità mia e di mio fratello ci spingeva a fare le cose più strane, come farci tagliare i capelli dai conigli o ad andare nel solaio a prendere i piccoli pipistrelli che cercavamo di allevare, scoprendo l'incredibile morbidezza del loro pelo. Tutti gli animaletti perduti erano nostri, un'upupa che purtroppo non sopravvisse, una cutrettola che battezzammo "zatopek" in onore di un famoso campione olimpico di corsa di quei tempi, e infine una nidiata di ghiri, trovati nella legnaia. Li avevamo sistemati in un piatto, ricoperti da una campana paramosche, ed osservavamo stupiti come erano pieni di pulci grandi quasi come loro. Poi la madre venne a cercarli, correndo come impazzita tra la tavola dove c'erano i suoi piccoli e la soffitta, emettendo grida acutissime. Togliemmo subito la rete e ci chiudemmo in cucina, per permetterle di recuperare i suoi piccoli.

Uno delle cose che ci appassionava di più, perché ci dava anche l'impressione di essere utili, era accompagnare le mucche al pascolo. Proprio il pascolo fu l'occasione, per noi bambini di città, di capire qualche aspetto poco simpatico della vita di campagna, dove non c'era molto posto per i sentimentalismi, ognuno doveva fare la sua parte, cani gatti mucche galline donne uomini e bambini.

La famiglia che occupava la casa di fianco alla nostra aveva un cane da pastore che si chiamava Tom, che faceva con un'intelligenza che a noi sembrava incredibile il suo lavoro. Era già vecchio, e a un certo punto arrivò un altro cane da pastore, poco più che un cucciolo. Tom lo addestrò pazientemente, e quando il nuovo cane, del quale non ricordo il nome, fu pronto, il contadino uccise Tom con un colpo di fucile da caccia, perché secondo lui non aveva senso nutrire due cani quando solo uno era necessario. Mia madre, sapendo quanto tenevamo a Tom, ci aveva prevenuto spiegandoci le ragioni del contadino, noi non avevo obiettato e non ricordo che avessimo pianto, ma per anni quel colpo di fucile echeggiò nelle mie orecchie, facendo parte dei ricordi terribili che accompagnano la nostra vita.

Durante i primi anni di vacanze a Pranzalito, una gatta minuta frequentava la nostra casa. Non si faceva accarezzare, non era una nostra compagna di giochi, come Achille. Un giorno si appostò in cucina, di fianco ad un buco che passando attraverso la parete comunicava con l'esterno, probabilmente fatto per favorire il deflusso delle acque in caso di inondazioni. La gatta si mise lì, ed uno alla volta uccise e mangiò nove topolini, tenendo l'ultimo in vita per farci giocare il suo piccolo, che poi era una piccola che divenne, appunto «la gattina di Pranzalito»

Forse per la prima volta nella sua vita mia nonna, che passava in campagna tutta l'estate, si affezionò ad un gatto. La gattina arrivava con un acuto profumo di camomilla, dovuto al suo dormire nel fienile, era discreta e non particolarmente affettuosa, come sua madre, ma si lasciava accarezzare con degnazione tipicamente felina, con l'aria di dire «se proprio vuoi, perché sei tu». Non l'ho mai sentita miagolare, né pretendere del cibo. Portavo con me i miei documenti di lavoro, ponderosi manuali d'uso dei calcolatori di cui mi occupavo, e lei non mancava di sdraiarcisi sopra, mollemente e languidamente, socchiudendo gli occhi come se dormisse, per impedirmi di toglierla da quel meraviglioso universo cartaceo, cosa che ovviamente non avrei mai osato fare. La vita dura che era costretta a fare durante nove mesi all'anno l'aveva resa aggressiva: una volta, dopo un rimprovero di mia nonna, l'aspettò dietro la porta per morderle una caviglia.

In quell'epoca la metà della casa dove avevano abitato i contadini fino al loro trasferimento in America era, durante l'estate, occupata dalle cugine di mia madre, due anziane signorine maniache dei bei vestiti e delle scarpe con il tacchi a spillo, che portavano con disinvoltura nonostante l'età. Vivevano a Torino, in centro, ed anch'esse adoravano i piccoli felini, con i quali però non avevano mai condiviso la propria vita. Adottarono con entusiasmo la gattina, che durante l'estate si trovò ad essere ospitata da due famiglie, il sogno di tutti i gatti.

Quando andavo a Torino a trovare le zie, durante l'inverno, mi affidavano sempre un pacchetto di prosciutto cotto, acquistato apposta, perché io lo portassi alla gatta, in modo che avesse di che nutrirsi nella cattiva stagione. Io eseguivo la missione, e quando dopo aver superato una ripida salita sulla strada sconnessa arrivavo nel cortile della casa, lei era già là che mi aspettava, sul terrazzo di fianco al fienile, aveva riconosciuto il rumore un po' sfarfallante del mio «Maggiolino». Una sfregatina di cortesia, una piccola ronfata, era il suo modo di ringraziarmi per il prosciutto. La lasciavo rapidamente perché poi dovevo recarmi al lavoro, sapevo che durante l'estate l'avremmo trovata là, pronta a vivere con noi, a sdraiarsi sui miei manuali e a sorvegliare con attenzione i movimenti di mia nonna, che lei sapeva benissimo essere la persona più importante, quella che cucinava.

Dopo qualche anno, un giorno, arrivai con il mio pacchetto nella casa di campagna e lei non c'era; la cercai dappertutto, senza trovarla. Aveva già un bel po' di anni, più di una quindicina, se ne era andata, con discrezione.

Napoleone

I genitori della mia prima moglie, Gisella, avevano deciso di trasferirsi in campagna. Mio suocero, Angelo, andava matto per la pesca e la raccolta dei funghi, e da tempo frequentava le località situate lungo il fiume Tanaro, nelle Langhe, ricche di fiumi pescosi e di castagneti che rigurgitavano di funghi porcini. Quando andò in pensione, trovò casa nel comune di Bastia di Mondovì, ad una quarantina di chilometri da Cuneo, sul Tanaro. Attigua alla casa c'era una fattoria, piena di animali, e tra questi animali c'era uno bel gatto soriano, che divenne immediatamente un visitatore assiduo dell'alloggio dei miei suoceri. Angelo, chissà perché, aveva deciso di chiamarlo Napoleone. Certamente il gatto apprezzava l'abbondante cucina toscana dei miei suoceri, ricca di carne e del pesce pescato nel Tanaro; almeno questa, secondo i soliti denigratori dei gatti, poteva essere la ragione di tanto affetto. Tali denigratori avranno però difficoltà a spiegare quanto avvenne in seguito. Qualche anno dopo essersi trasferiti a Bastia, mia suocera ebbe una recidiva del carcinoma al seno di cui era stata operata, e in poco tempo morì. Passò a letto gli ultimi mesi della sua vita, e sul letto, tutti i giorni, con lei, c'era Napoleone. Il giorno dopo la morte di mia suocera, Napoleone fu trovato morto sul pianerottolo, davanti alla porta di casa. Non aveva più di quattro o cinque anni, ed era in perfetta salute.

Il gatto dagli artigli a sciabola

Dopo la morte di mia suocera, avevamo affittato un alloggio a Bastia, per utilizzarlo durante l'estate. Come tanti paesi della campagna piemontese, l'abitato di Bastia è composto da due serie di fabbricati contigui messi lungo la strada principale. La parte che dà verso la strada è in genere quella "abitabile", mentre sul retro, collegata alla strada da grandi portoni ad arco, adatti al passaggio dei carri, c'è la parte "rustica", ossia la cascina, con gli animali, gli attrezzi agricoli al riparo sotto la grande *travata*, il fieno ed il granturco.

Il nostro alloggio era sulla parte prospiciente alla strada. Era composto da un soggiorno ed una camera da letto, con i servizi ridotti al minimo indispensabile. La cosa che mi aveva affascinato era il camino, rivelatosi poi inutilizzabile perché non tirava, e tutti gli sforzi fatti, compresa la fabbricazione in lamiera di una cappa, fallirono miseramente. Un piccolo finestrino dava aria alla *toilette*, e da quel finestrino era comparso il gatto più bello che io abbia mai conosciuto. Un gatto enorme, tigrato, con gli occhi color smeraldo. Era enorme ma tutt'altro che obeso: muscoloso, con dei pettorali possenti, quando lo prendevamo in braccio raccoglieva le zampe posteriori con uno scatto, come un atleta. Io sono convinto che era il frutto di un incrocio tra un gatto domestico ed uno selvatico.

Nonostante la sua prestanza atletica, il gatto (cui non demmo mai un nome, lo chiamavamo semplicemente il "gatto di Bastia") era enormemente dolce e adorava essere coccolato. Non ci eravamo ancora seduti che ci era già saltato in braccio. Il problema era che adorava pestare sfoderando gli artigli, come tutti i felini, ma i suoi artigli erano molto più lunghi di quelli di qualsiasi altro gatto. Lunghi, affilati e taglienti come delle sciabole. Noi andavamo in quell'alloggio prevalentemente d'estate, stagione durante la quale si portano abiti leggeri e pantaloni corti. Per poter lasciare libero sfogo ai suoi trasporti amorosi, eravamo costretti a munirci di qualche tessuto o di un cuscino, dove lui poteva affondare liberamente i suoi artigli senza massacrarci. Allora, oltre che pestare come un forsennato, si metteva a succhiare la stoffa, probabilmente era stato staccato troppo presto da sua madre.

Dopo qualche anno, alla morte di mio suocero, abbandonammo l'alloggio, e non avemmo più notizie del gatto dagli artigli a sciabola.

Cleopatra

L'altra è colei che s'ancise amorosa,
e ruppe fede al cener di Sicheo;
poi è Cleopatràs lussurïosa.
(Dante, Inferno, Canto V)

Un altro lungo periodo senza gatti, ma con tanto lavoro e tanti viaggi, un po' dappertutto nel mondo. Come i gatti, non amo viaggiare. Ho viaggiato molto poco per piacere, e sempre allontanandomi il meno possibile da casa. In questo periodo senza gatti, ho avuto una figlia, una bimba minuta e leggera che condividerà, da grande, il mio amore per i felini.

Sfrattati dall'alloggio che avevamo affittato al nostra arrivo ad Ivrea, ne trovammo un altro sulle rive della Dora, e appena ci fummo insediati ci rendemmo conto di essere arrivati in un paradiso di gatti, da fare invidia ai fori romani. Una signora, la *gattara* del posto, si prendeva cura di nutrire il bel numero di bestiole presenti sul posto.

Al primo piano del nostro condominio viveva una ricca vedova di mezza età, e con lei una bellissima gatta nera. La gatta decise che noi potevamo essere una buona famiglia di riserva e si installò in casa nostra. Ma senza passarvi la notte, la nostra non era la sua vera casa. Bisogna ammettere che farla vivere da noi, felici proprietari di un canarino, Romeo, non era facile. Non riuscimmo mai ad impedire che ogni tanto Cleopatra si precipitasse con un balzo sopra la gabbia di Romeo, che si rifugiava in un angolino, terrorizzato, pigolando penosamente.

Una volta che diedi uno scapaccione alla gatta dopo una di queste incursioni, Cleopatra offesissima chiese di uscire - deve essere stato il primo e ultimo scapaccione che le impartii. Cleopatra si mise fuori dalla porta, sullo zerbino. Io uscii per fare la pace, ma lei mi girò ostentatamente la schiena. Allora chiamai Erica, che dopo averle parlato per un po' la convinse a rientrare. Entrò evitando accuratamente di guardarmi. Quando allungai la mano per accarezzarla, schiacciò i ventre contro il pavimento per farmi capire che le mie effusioni non erano affatto gradite e mi tenne il broncio per una buona settimana. Aveva ragione: non ha nessun senso pretendere che i gatti non cerchino di fare degli uccelli delle prede, fa parte della loro natura. Qualcuno perdona le nefandezze degli uomini, ben più gravi, dicendo che "fanno parte della natura umana" : e noi non dovremmo perdonare i gatti?

Gisella, la mia prima moglie, non aveva confidenza con gli animali. Era gentile con Cleopatra, ma ne aveva anche paura. La gatta decise di sfruttare la cosa a suo vantaggio: se voleva saltare in grembo a qualcuno, sceglieva Gisella, che da quel momento in poi non faceva più il minimo movimento, consentendole di farsi lunghe e tranquille dormite. Un altra ragiona della predilezione di Cleopatra per Gisella era il suo *hobby*, la maglia, che praticava quasi tutti i giorni. Che felicità, tutti quei gomitoli che, opportunamente spinti, correvano per ogni dove! Gisella, per continuare a sfornare maglie e maglioni, fu costretta a comprare della lana apposta per farla giocare.

Dopo qualche anno, la vedova si risposò con il vedovo che abitava sul nostro pianerottolo, che non amava assolutamente i gatti. Così Cleopatra fu sacrificata sull'altare di quell'amore senile, venne deportata in una cascina, e noi non la vedemmo mai più.

Martina

Mia figlia Erica parlava così tanto in giro del suo amore per i gatti che, con la complicità di un amico che faceva la facoltà di veterinaria a Torino, i compagni di scuola di Erica arrivarono a casa nostra con un bel cestinetto, nei quali c'era una piccola gattina tigrata, Martina. Finalmente avevamo una gatta tutta nostra, che sarebbe vissuta con noi e che nessuno ci avrebbe portato via.

Martina visse con noi qualche anno. Di notte, qualche volta, si alzava dalla sua cesta e camminava sul *parquet*, facendolo scricchiolare. Partorì una bella nidiata di quattro creaturine, e per partorire volle che io le tenessi una zampa tra le mani, solo allora fece cominciare il travaglio.

Come durante la mia infanzia, quando osservavo la mamma di Achille, ero affascinato dalla cura con la quale Martina si occupava dei piccoli. Per la prima volta assistevo da vicino all'allevamento di una nidiata di gatti, erano tre, uno morì poco dopo la nascita. Correvano dappertutto per l'alloggio, sembravano molti di più, Erica diceva che "brulicavano". Sembravano delle palline piene di latte, e come delle bolle rotolavano in continuazione da tutte le parti. Sistemammo i piccoli senza difficoltà con l'aiuto del futuro veterinario.

Purtroppo fummo sfrattati, il padrone voleva ritornare in possesso dell'alloggio, e noi non ci sentimmo di trasferire anche Martina nella nuova residenza, un alloggio posto su di una strada trafficatissima, che sarebbe stata per lei – abituata ad uscire in a suo piacimento in una via privata - un grande pericolo. I miei parenti che vivevano poco distanti da Ivrea, in campagna, si offrirono di prendere Martina, la loro gatta era scomparsa da poco. Con la morte nel cuore la portai da loro, fu trattata benissimo (andavamo sovente a trovarli) e visse una lunga vita serena. Quando andavamo là, ci guardava in modo strano, era evidente che si ricordava di noi ma nel suo sguardo c'era un'ombra di tristezza. Anche se stava bene, forse anche meglio, (la casa nella quale abitava era fornita di cortile e giardino), l'avevamo comunque abbandonata. Lei ci amava, nel nostro piccolo alloggio al quarto piano era felice, là era cresciuta, là aveva avuto i suoi piccoli, ed io le avevo tenuto la zampina mentre partoriva per farle coraggio. Come si può pensare che una cosa simile non resti impressa per sempre nella memoria? Solo il nostro abominevole complesso di superiorità di esseri umani, complesso grazie al quale stiamo distruggendo il pianeta, può portarci a pensare di essere i soli depositari dell'intelligenza e dei ricordi. Non siamo i soli mammiferi provvisti di cervello, siamo soltanto quelli che lo usano peggio.

La gattina di Traversella

Avevamo affittato un alloggio a Traversella, un piccolo paese a poca distanza da Ivrea, in montagna. L'idea era di utilizzarlo per passarci i *week-end* e le vacanze d'estate. Di fianco a noi, c'era una villa di proprietà del macellaio del posto. Il macellaio aveva una piccola gatta grigia e bianca, straordinariamente somigliante a quella di Pranzalito, ma più rotondetta, probabilmente perché molto meglio nutrita. L'anno in cui preparavo la mia tesi di laurea in archeologia sovente, alla ricerca di silenzio e tranquillità, passavo qualche tempo a Traversella, anche fuori stagione.

Nei giorni di inverno, nonostante le stufe, faceva piuttosto freddo, e allora la gattina veniva da me, mi saltava sulle ginocchia e mi scaldava, *ronronando* piano piano, mentre scrivevo. Qualche volta saltava sul tavolo e si metteva sul foglio, giocando dolcemente con la mia penna. Conservo ancora come una reliquia un foglio scritto intorno alla sua forma acciambellata.

La gattina ebbe una bella nidiata di cuccioli. Un giorno che arrivai a Traversella, mi venne incontro con un miagolio strano. Capii che voleva che la seguissi, e lei mi portò nel sottoscala, dove dietro ad un piccolo lucernario c'erano i suoi piccoli, che mi mostrò con grande orgoglio.

I casi della vita portarono la famiglia dei suoi padroni altrove, e lei con loro.

Qualche mese più tardi...

Ho iniziato queste poche righe alla fine dell'inverno. Il tempo passa in fretta, sto per pubblicarle e l'inverno è di nuovo arrivato. I miei gatti hanno passato bene la stagione calda, anche se non è certo la loro preferita. Hanno la pelliccia, che per l'appunto si rifanno durante l'estate, e non possono togliersela. In estate stanno poco in casa, dormono quasi sempre in giardino, non cercano più di tanto di essere coccolati, e quando sono all'interno si liquefano sui pavimenti di piastrelle. Mangiano meno, perdono, oltre al pelo, anche un po' di peso. Di giorno combattono il solleone cercando i luoghi più ombrosi del giardino. Vanno e vengono più del solito, ma la cosa mi impegna di meno, d'estate durante il giorno lascio la vetrata aperta.

Ben prima di noi e dei bollettini meteorologici, sentono che il freddo sta per arrivare. Mentre il sole picchia ancora con forza, all'improvviso, di sera, me li trovo tutti in casa. Caline si infila sotto il termosifone, ancora spento, Moka si rifugia nel mio armadio della biancheria, Pepper prende posizione sul suo cuscino rosso, Cannelle va in soffitta e Liquirizia si piazza sul nostro letto. Ispezionano la casa per essere sicuri che i loro posti al caldo sono ancora là, disponibili. Sospiro. Tra qualche giorno, il gelido Mistral scenderà di nuovo dalla valle del Rodano, e io dovrò vestirmi di nuovo come un palombaro per andare in bicicletta.

Réglisse

Abbiamo dovuto curare un orecchio a Liquirizia. Ha un eczema, non è una cosa preoccupante, ma talvolta gli prude talmente che si ferisce, allora, ahimé, bisogna mettergli una pomata. Bisogna farlo in due, uno lo tiene e l'altro, con una apposita siringa, gli inietta la pomata nell'orecchio malato. Dopo queste operazioni, esce, sta fuori casa anche ventiquattro ore, poi si rifà vivo, mangia in fretta ed esce di nuovo. Poco alla volta allunga le sue soste, fino a ritornare ai suoi ritmi normali.

Questa volta l'ha presa peggio del solito. In genere, la spiacevole operazione veniva fatta da Clelia e da me – con la scusa che lei voleva fare la veterinaria. Ma Clelia non c'era, l'orecchio sanguinava, l'abbiamo fatto Anna ed io, sul lettone, dove Liquirizia ronfava tranquillo. È fuggito come al solito, non ero preoccupato. Come al solito, è ritornato il giorno dopo. Ma sono passate diverse settimane, e lui non ci ha ancora perdonato; sopratutto, *non ha perdonato Anna*. Casa c'è di più tremendo, per chiunque, che essere delusi da chi si ama? *Lei non poteva fargli questo, io si, io non sono il suo innamorato.* Adesso Liquirizia sta in casa solo quando piove o tira vento, entra strisciando contro i muri per non farsi notare, si mette o sul carrello vicino alla mia scrivania, o su una poltrona del soggiorno, ma non è mai più salito in camera da letto, il luogo dove è stato consumato l'orribile misfatto. Se Anna cerca di fare la pace, scivola via con aria seccata e chiede immediatamente di uscire. Invece da me si lascia accarezzare, io non l'ho tradito.

Gli passerà? Io credo di si, ma ci vorrà del tempo. Per fortuna, la pomata ha fatto il suo effetto e non l'ho più visto grattarsi l'orecchio.

Felix è un bugiardo!

Uno dei nostri più affezionati clienti, Felix, è un mentitore. Un bel giorno, mentre trafficavo in giardino, dietro la siepe che mi separa dalla strada, un giovanotto dai lunghi capelli biondi, orecchino e pappagallo bianco sulla spalla, si è fermato davanti al cancelletto e mi ha rivolto la parola. "Le dà fastidio il mio gatto?" mi ha detto. "Quale gatto?" ho chiesto, poi, dopo un attimo, avendo capito, ho subito aggiunto: "Lei vuol dire quel grosso gatto bianco e nero, che noi chiamiamo Felix?" "Si, mi ha risposto, lui è il mio gatto, si chiama Tao, ho visto che viene sovente nel suo giardino. Le dà fastidio?" "Certo che no, uno più, uno meno, non fa differenza." Ho risposto con calma. In cuor mio, però, non ero affatto calmo. *Ci ha preso in giro tutti quanti, il bugiardone, e noi che stavamo per adottarlo pensando si trattasse di un gatto abbandonato!* Ho deciso di non fargliela passare liscia. Qualche ora dopo, Tao si è ripresentato, sempre con la solita aria da povero mendicante. L'ho guardato dritto negli occhi e, scandendo bene le lettere, l'ho chiamato: "Ciao, T – A – O!" Ci crederete? Mi ha guardato stupefatto, ed è partito di corsa!

Dopo un po', è ritornato, affamato come sempre. Mi sono detto che probabilmente il suo padrone sta parecchio via, è talmente affamato che non me la sento di rifiutargli qualche crocchetta – ma da quando è stato scoperto, non ha mai più cercato di entrare in casa.

Il ritorno di Cannelle

La vera, grande novità è questa: *il ritorno di Cannelle*. L'ho nutrita per tutta l'estate mettendole un piattino sul muretto che divide casa nostra da quella della vicina di casa, arrivava furtiva, come una ladra, mangiava guardandosi attorno, poi scappava. Quando Clelia è arrivata dalle vacanze, un pomeriggio, mentre stava cucinando delle *crêpes* con le sue amiche per consolarsi dell'imminente rientro a scuola, chi ti vedo, spiaccicata contro il vetro? Cannelle, la piccola, aveva "sentito" l'arrivo della sua amica. Le ho aperto, si è precipitata in casa senza curarsi di nulla, senza guardarsi attorno per spiare la presenza della sua nera persecutrice, l'unica cosa che voleva era salutare Clelia, e nient'altro. Poi è uscita, per rientrare la sera e passare la notte con la sua amica: se questo non è amore...

Ormai è di nuovo in casa, poco alla volta si è riappropriata dei suoi angolini preferiti, gioca con i suoi fratelli e passa tantissimo tempo con Clelia, sul letto e l'ascolta durante i suoi concerti casalinghi di chitarra. Caline, dopo qualche settimana durante le quali la ignorava, ha ricominciato a perseguitarla, ma Cannelle ormai si è riinserita, si nasconde in luoghi dove sa che la sua nera persecutrice, piuttosto obesa, non può raggiungerla e passa in casa buona parte del suo tempo. Ho anche l'impressione, conoscendola, che carichi parecchio la parte di perseguitata. Arriva sulla porta, si schiaccia al suolo, annusa da tutte le parti, poi fa la terrorizzata e fugge anche se la nemica è ben lontana, poi torna, poi scappa, poi torna ancora, poi mi guarda come a chiedere protezione. Quando non ne posso più, la prendo in braccio e la porto sotto scorta fino alla camera di Clelia, scavalco Caline che sta sulla scala, lei, sicura tra le mie braccia, soffia e ruggisce. Anche Caline (ah, queste femmine!) recita bene la sua parte:

annusa dappertutto dove lei è passata, poi tira le orecchie all'indietro con espressione disgustata: *è passata da qui, quella piccola squadrina! Ma chissà cosa ci trovano tutti quanti, è solo pelle e ossa!*

In realtà, pur rimanendo una gatta minutina, si è rimessa in carne, quest'estate l'avevo vista così magra da farmi temere per la sua sopravvivenza. Putroppo, per volerla a tutti i costi nutrire e tenerla legata a noi, l'ho riempita di vizi... gastronomici. Prosciutto, salciccia, salmone, tonno, insomma, tutto quanto un gatto può desiderare. Le ho creato una specie di paradiso, per compensarla dell'esilio. Il problema è che la piccola fa finta di non capire che l'esilio è finito, dunque ci sono le crocchette per tutti, salvo casi eccezionali. Ha capito benissimo che io ho un debole per lei, e sfrutta al meglio la situazione. Entra, si guarda intorno, butta l'occhio sul piatto delle crocchette, poi mi sgrana addosso i suoi occhioni di smeraldo, inarca il dorso, fa due o tre scatti con la sua bellissima coda, una gobba, mi riguarda, giuro che sembra che sbatta le ciglia, mi sembra di sentire che mi parla con una voce che sussurrante, dolce, sensuale: *allora, mio bell'uomo, dove è il tonno? E il salmone? Come mai oggi non c'è salmone, amore mio?* Non è tanto per un pezzo di salmone, il problema è che ci sono altri tre gatti (Liquirizia non è goloso) che vorrebbero il salmone, o il tonno, e che come sentono il tintinnio del piatto sul pavimento mi piombano addosso come un branco di lupi affamati. Le rispondo "Non posso, piccola, mi dispiace..." Lei scrolla la testolina, ma la prende bene, mette il musino nelle crocchette e non mi serba rancore.

Incredibili gatti

Tutti i gatti sono incredibili, ma qualcuno lo è di più, o almeno fa cose che mi hanno particolarmente colpito. Ricordo ad esempio una gatta tigrata a pelo lungo in un campeggio della Liguria, che avendo capito che la caccia ai topi ed agli uccelli non era più di moda, insegnava ai propri cuccioli un sistema più moderno di sopravvivere: portava i suoi piccoli al ristorante per addestrarli a chiedere, con la dovuta educazione, del cibo ai clienti; o il gatto di un'anziana signora torinese, madre del mio insegnante di recitazione, che faceva i suoi bisogni nel water; o il gatto di un'amica francese di Clelia, che abita in un condominio con ascensore e che prende, appunto, l'ascensore per salire o scendere dal quinto piano. Aspetta ovviamente che arrivi qualcuno, si infila nell'ascensore, per scendere, non ci sono problemi; il bello è che quando sale, esce al piano giusto!

In un paesino non lontano da Montpellier, famoso per i suoi laboratori di ceramica, che difatti porta il nome di Saint Quentin la Poterie, vive Marie Claire, ceramista e insegnante di quest'arte difficile. Noi ci passiamo ogni tanto qualche giornata, come allievi. Marie Claire è un'amante dei gatti, e attualmente ha una bella gatta siamese. Per poter essere sempre disponibile ad eventuali clienti, ha fatto installare un rivelatore di presenza, collegato ad un campanello, sulla porta del suo negozio, porta che durante il giorno lascia sempre aperta. Marie Claire, se non è in negozio, è in casa, al piano di sopra, o nel laboratorio, allo stesso piano del negozio ma in un altro locale. La gatta ha capito molto rapidamente che per far uscire Marie Claire e poi entrare in casa, basta passare davanti al rivelatore, che non distingue gli uomini dai felini, e far suonare il campanello. In questo modo, non ha neanche bisogno di miagolare!

Recentemente, ho fatto amicizia con due professori di musica in pensione, che abitano in un paesino delle *Cevennes*, una catena di montagne non lontano da Montpellier. Non erano particolarmente amanti dei gatti, e quando venivano a casa mia guardavano con una certa curiosità tutta la tribù, senza fare particolari commenti. Dopo qualche tempo, un giorno, mi raccontarono che una gatta certosina senza padrone, incinta, aveva cominciato a frequentarli, in particolare nelle ore canoniche dei pasti. Seppi che la gatta aveva partorito e che le era rimasto solo un cucciolo. Mi accorsi che il loro modo di parlarmi della gatta e del suo piccolo, da indifferente e un po' infastidito si stava facendo sempre più tenero. Finché, andato a casa loro, li vidi coccolare teneramente il cucciolo e riempire un bel piatto alla mamma, e capii che, ancora una volta, l'irresistibile fascino dei gatti aveva vinto!

C'è poi la storia triste, riportata su Internet, di un gatto che ha seguito il funerale del suo padrone fino al cimitero, e che da allora, ogni giorno, raccoglie qualche cosa, pagliuzze, pezzi di legno, e va a depositarli sulla tomba. C'è invece la divertente novità dei *bar a gatti*, inventati in Giappone ma già arrivati in Francia, a Parigi e che si stanno rapidamente diffondendo dappertutto. In questi bar, oltre alle normali consumazioni, i clienti possono coccolare uno dei numerosi gatti presenti, ovviamente se loro sono disponibili. Anna è contraria, dice che le sembra un po' un bordello, dove uno pagando può trovare compagnia, invece secondo me sono un'ottima idea, talvolta, quando a fine mese faccio i conti e vedo quanto spendo in crocchette, penso che non sarebbe male tentare l'avventura!

Il rapporto tra cani e gatti non è sempre conflittuale, come sentenzia la tradizione popolare. Se sono stati allevati assieme, o se uno dei due ha incontrato l'altro quando era un cucciolo, cani e gatti sviluppano durature amicizie. Ho

73

raccontato di Pupa, che abbaiava perché io scendessi ad aprire a Caline, la gatta nera; ho visto in montagna un grosso cane lupo che teneva tra le zampe, con atteggiamento protettivo, un gatto, che aveva l'aria di essere nel più bel posto del mondo; la gatta di un'amica che vive nella campagna francese usa (è il caso di dirlo!) il cane da caccia per farsi leccare sulla pancia.

Incredibili, tenere, feroci, misteriose creature. Assaporano ogni piccolo piacere come se fosse l'unico della loro vita. Imbattibili nel trovare il posto giusto nel momento giusto, liquefatti sulle piastrelle fresche del pavimento in estate, acciambellati sulla poltrona di fianco al camino o sotto il calorifero in inverno; a pancia all'aria davanti alla porta di casa, per avere da voi la grattatina di benvenuto e farvi così perdonare della vostra assenza; sfuggenti talvolta alle vostre carezze, ma pronti a saltarvi in grembo un attimo dopo, per ricordarvi che le coccole si decidono in due, e che voi non avete alcun diritto su di loro, per il solo trascurabile fatto che li mantenete - se voi non ci foste, la loro vita sarebbe ben più dura, ma non impossibile.

Leggono nel nostro pensiero, non hanno bisogno di chiederci come stiamo o se abbiamo qualche problema, *loro lo sanno*. Ci capiscono perfettamente e si capiscono perfettamente tra di loro, anche a distanza, senza bisogno di Internet e del *Wifi*. Al posto dell'infinita e monotona teoria di uni e di zeri che invade ormai la nostra vita, loro sono ancora in ascolto delle meravigliose voci della natura, dei rumori, degli odori, delle vibrazioni delle foglie o dei passi di un gatto straniero che sta per entrare nel loro territorio.

Sanno che in quella casa i loro simili sono felici, o che in quell'altra qualcuno li caccia a colpi di scopa. Sanno che se voi scendete le scale con le valigie per un po' la casa sarà triste e deserta, anche se qualcuno provvederà a riempire le loro ciotole e che inutilmente attenderanno davanti alla porta per salutarvi.

Sanno che tra qualche giorno pioverà, mentre le nuvole sono ancora lontane centinaia di chilometri, sanno che uno di loro non c'è più, e che mai più giocherà con loro in giardino; sanno che voi siete tristi ed allora saranno pronti a consolarvi, sanno che siete allegri ed allora vi inviteranno al gioco, saranno birichini e correranno a perdifiato con la coda dritta e gonfia, fino al primo albero che troveranno sul loro cammino, sul quale si arrampicheranno correndo per poi bloccarsi con le unghie piantate nella corteccia, le orecchie indietro e il dorso inarcato.

I gatti lo sanno.

FINE

www.ingramcontent.com/pod-product-compliance
Lightning Source LLC
Chambersburg PA
CBHW060534030426
42337CB00021B/4254